大樂文化

大樂文化

大樂文化

夫夫

你要先去愛，一定會找到幸福的入口

亞洲首對同婚夫夫
小銘・小玄——著

Contents

第3章

創業夥伴是你，讓我們知道愛不簡單

Contents

推薦詞

見證他們在平凡中，勇敢追愛的力量！

不管世界怎麼看、怎麼轉，人生最大的挑戰和旅程，就是找到自我價值和存在感。讓我們帶著愛的力量和信仰一起往前走，進化成更好的人！

——蔡健雅 Tanya Chua

都說「內行」人看門道，「外行」人看熱鬧，除非是快「不行」的人，不然不論是哪一行的人，本書都值得大家來看！

——祁家威

初識小銘、小玄是在十幾年前的《流行 in House》節目錄影現場。小玄活潑外向，小銘細膩害羞，兩人天生就是目光焦點。

後來，我們的生命總在重要的時刻有交集。在我的婚禮上，小玄與他的團隊，為我打造可愛到令人想尖叫的杯子蛋糕。同樣地，我在小銘、小玄的婚禮上，涕淚縱橫到把妝都哭花了。

本來想多寫什麼，但似乎寫什麼都多餘。在兩人身上可以體悟到愛最大的真諦！

愛情最美好的模樣不僅是相遇時的心跳，更是攜手面對人生困境的義無反顧，不論是每次吵嘴後的心軟投降、仰望星空的思念，還是對望瞬間，我想那就是愛情吧。

最後我想說，翻開本書前請各位準備好墨鏡。咳咳，還有一整包面紙。

——路嘉怡

一路上看著小銘、小玄成長，他們一直在努力，並且讓更多人開始相信愛，王子和王子的故事，平凡卻不簡單。

——李明川

若能選擇容易的路，誰想過充滿荊棘的人生？小銘、小玄走了好久，終於等到法律上的名正言順。夫夫日常裡除了有瑣碎與紛擾，還得面對某些不友善的眼光。但他們總能在彼此的鼓勵與扶持下，往更美好的未來前進！我愛極他們對視時，眼底炸出的愛意，祝你們永遠幸福！

——林書煒

人人都有追愛的勇氣，以及被愛的權利。小銘、小玄用他們的平凡，見證了愛情的不平凡，在愛裡你我都相同。

——黃益中

嗯？這本書怎麼都空白？啊！原來我忘了戴墨鏡看。

小銘、小玄是我大學學長，小玄像散發光與熱的太陽，小銘像湖泊上的島，這個組合看似水火不容，卻有種協調感。當時不知道他們是情侶，畢業後才隱約感到可疑，到底是我太遲鈍還是他們太會藏？乾脆去當臥底算了！

直到有一天，我在臉書上看到小銘在蔡健雅演唱會上跟小玄求婚，我馬上戴墨鏡吃狗糧，心想：「若他們辦婚禮，我一定要去！」當他們公告準備結婚的消息，我機票直接買下去，有幸參加台灣的世紀彩虹婚禮！

現在他們出書，居然找我寫推薦文，我都要哭了！我花兩小時搶先把熱騰騰的原稿看完，本以為是十二年份的狗糧，但過程中竟然又喜又淚，內容我就先不劇透！

我想對小銘、小玄說，一路走來辛苦了，原來太陽加上湖泊的小島，就是溫暖的感覺，也許未來還有更多挑戰，但我堅信你們會互相扶持。

——Anima

前言

你接下來的 50 年人生，我奉陪到底！

★ 吵完架就香甜睡著的小玄，讓我無法對他生氣

我和小玄的愛情就這樣邁入第十三年。其實我們的個性簡直天差地別，小玄開朗活潑，而我內斂冷靜，所以我總需要隨時拿著一桶水在旁邊等待，抓準時機澆熄他滿過胸口的天馬行空。

不過，這個過程可說屢試屢敗，因為小玄就像一座蠢蠢欲動的活火山，源源不絕地湧出熱情。也許就是如此不同的個性，才能讓我們一直黏在一起。

即使是婚後，我和小玄還是愛鬥嘴，雖然偶爾會被他氣到說不出話，心裡忍不住覺得委屈，但我知道我們吵架時，心裡仍舊想著對方，或許這就是愛情吧！

吵到一個段落後，我會偷偷轉過頭去看小玄，通常發現他已經睡到在打呼，甚至

是說夢話。看到他香甜的睡臉，原本不開心的情緒會逐漸溜走，再回想他一開始在電腦前緊張地向我告白，那些最柔軟的情緒又回到心中，讓原本生悶氣的我再也氣不下去，誰叫他是我最愛的小玄呢！

就算整天被澆冷水，我還是最愛拿著水桶的小銘

我和小銘的個性簡直像天空與大海，實在不太可能有交集，（小銘：你開頭不要學我！）緣份這條地平線讓我們產生化學反應，一切從大學的第一堂體育課開始。我在與小銘相處的過程中更加瞭解自己，兩人的個性經過長時間磨合，明白彼此認知上的差異，也一同度過當兵、向家人出櫃等人生重要場景。

小銘就像我的世紀大剋星，每當我想到令人充滿衝勁的事情，小銘總會備妥一大桶冰水，隨時準備澆熄我的熱情，甚至在最嗨的時候直接潑下去，說是要讓我的大腦冷靜冷靜，你們說這樣過不過份！

經過這麼多年，我越挫越勇，一心想著如何讓小銘與我一起挑戰各種不可能。不

過，也許因為在一起太久，我們被彼此同化，有時我反而被他突如其來的瘋狂嚇得措手不及。

積極正面的形象，一直是許多粉絲喜歡我們的原因。但是，我們也有失落無助的時候，沒想到竟然要在這本書中，像剝洋蔥一樣跟大家坦誠相見。各位看完書後應該會發現，我們的故事不是只有兩人世界。在愛情之前，家庭背景的影響也相當深遠，雖然有點現實、有點幻滅，但這就是發生在我們身上的真實故事。

寫下這些文字時，眼淚經常不小心跟著掉落，那些淚水時而代表難過，時而代表欣慰，時而代表感動，這不僅是屬於我們愛的回憶，也希望可以帶給各位讀者勇氣，以及堅持下去的毅力。

二〇一八年，我們在演唱會上求婚的影片爆紅，讓全世界看到我們的愛，而受邀參加許多國家的同志遊行，從中看見不分國界的愛，讓我們更相信愛。如果各位讀者能從本書的真實故事中，找到勇敢去愛的力量，將是我們莫大的榮幸。

能在身分證的配偶欄上，填入愛人的名字，
是由無數人流血流淚努力的結果。一想到
此，便覺得這張小小的卡片意義非凡。

第 1 章

身分證上有你，我們足足等了12年

夫夫

1 我想要用全世界的星星抓住你

許多讀者認識我們的契機，應該是二〇一八年一月蔡健雅的演唱會上，我在那片比星空還燦爛的光芒之中，於全場觀眾的見證下向小玄求婚。那個片段在網路上瘋傳，甚至登上新聞媒體。

一時之間，我和小玄受到全世界矚目，不是同志圈的人也開始追蹤我們，一起出門時，甚至被路人認出來。許多人為我們送上祝福，也有不少人表示不諒解。

雖然當時同性婚姻已透過釋憲，獲得被保障的權利，社會上仍存在各種對同志不友善的聲音。我知道當眾求婚一定會被放大檢視，後續可能有好的迴響，也可能被惡意攻擊，所以在這之前緊張了好長一段時間，尤其我的個性低調，人生中幾乎沒有做過如此引人注目的行動。

在籌備求婚的過程中，我始終覺得有股微微的焦慮感圍繞在身邊。由於我習慣待在自己挖掘的舒適圈內，而公開求婚及公開出櫃都必須跨出長期堆砌的城牆，因此對我來說，舒適圈的外圍就像一片充滿迷霧的未知領域。

但是，我從沒考慮過終止計畫，正如同這些年無論面對什麼困難，都不曾想過放開小玄的手。小玄是我安穩的人生中，命運與緣分送給我最美好的預料之外，所以在我們的愛邁入十一年時，我也要回贈他一個永生難忘的大驚喜。

一封意外的回信，敲定沒齒難忘的大驚喜

籌備求婚的那段時間，我嚴格地控管資訊，畢竟這可能是小玄人生中最大的驚喜，走漏風聲未免太過可惜。因此，從頭到尾只有兩位朋友被我納入諮詢討論團，並且確保兩人都遠在台南，小玄難以從他們口中探聽任何消息。我們在討論過程中，甚至堅守不留下任何文字記錄的原則，一切都以最高規格保密。

小玄與我非常喜歡蔡健雅，很多歌曲都琅琅上口，而且去KTV必點，因此我決

定在蔡健雅演唱會當天求婚，並順利搶到前十排座位的票。還記得小玄在我搶到票的當下笑著說：「我們會看到史上最大的實體蔡健雅！」

不過，我最初的規畫不是在演唱會上當眾求婚，而是在演唱會散場後，請人突然遞給小玄一束花或氣球，然後和舞團一起跳出排練許久的舞步，認真講出感人肺腑的求婚詞，最後衷心期盼小玄會哭著點頭答應求婚。

這個計畫很踏實，不容易出意外，但在與諮詢團討論的途中，我腦海悄悄冒出在演唱會上求婚的念頭。原本我想甩甩頭忘掉這個妄想，但又實在忍不住想像，如果能得到偶像及全場觀眾的祝福，一定會讓小玄感動不已，乖乖地讓我娶回家。因此，我在心中簡單地評估實際操作步驟，決定先將諸多困難點拋諸腦後，總之試試看再說！

我們只是普通人，不可能有直接聯絡明星藝人的管道，所以我只能私訊蔡健雅的粉絲專頁，一字字打下懇切的訊息，然後祈禱奇蹟發生。但正如我所料，過了三、五天後依然沒有得到回覆。於是，我決定放棄這個念頭，繼續準備原先預訂的計畫。

一個禮拜後的某天晚上，我接到手機通知，滑開一看居然獲得粉絲專頁的回覆，蔡健雅的經紀人耐心地與我確認曲目安排，以及預計在哪裡插入求婚的橋段。現在回想起來，這一切簡直就像一場夢。

安排完曲目與求婚橋段後，最重要的工作只剩擬好求婚誓詞，並規畫當天的準備

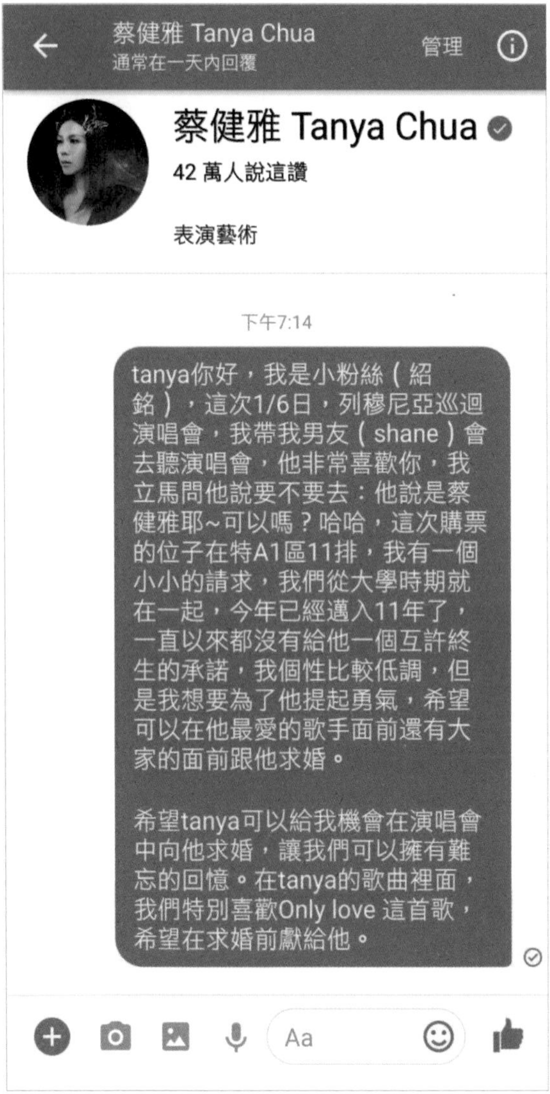

小銘私訊蔡健雅的粉絲專頁。

工作，然而這時卻出現唯一的意外。我原本想邀請我與小玄的共同朋友，負責帶動氣氛和記錄整個求婚的過程，但由於事前太過保密，他們氣我見外，拒絕一起坐在前排看演唱會，結果最後成了我們的兩人世界。

順帶一提，在求婚的消息於各大媒體曝光後，我被許多朋友的訊息轟炸，說我過度謹慎、不夠意思，害他們錯過幫忙準備驚喜的機會。

★充滿荊棘的愛情路，還好有片星海守護

我不善於言詞，即使內心千言萬語，仍要經過不斷醞釀才能好好說出口。我與小玄相識、相戀超過十年，需要太多太多的話語才能描述我對他的情感，因此將這份厚實的情感濃縮成短短幾句話，實在是個大難題。我不習慣輕易把愛說出口，當必須大膽說愛時，卻發現這一切難以用三言兩語簡單描述。

我直到最後一刻還在修改求婚誓詞，同時不斷在心中複習早已滾瓜爛熟的求婚流程。當〈說到愛〉的旋律響起，伴隨蔡健雅溫暖的歌聲，我開始在心中倒數。沒過多

久，蔡健雅喊出我的名字，我的腦中一片空白、瞬間變得不知所措，只感受到刺眼的聚光燈打在臉上，隨之而來的是全場投向我們的目光，讓我全身皮膚有些發燙，雙手止不住地發抖。

平時都走邊緣人路線的我，突然暴露在這些注目之下，受到的刺激比想像中更強烈。我忍不住觀察身邊的人帶著什麼樣的表情，但發現他們的眼神沒有任何質疑，而是充滿熱情與興奮。

我拜託現場的觀眾借我手機光源，偌大的會場在幾秒內閃起無數光點，這個瞬間終於讓我定下心來。在場觀眾沒有義務給予祝福，更沒有義務特意拿出手機，支持這個可能有些過頭的請求，但他們願意用超乎想像的熱烈回應，帶給我們這片星海。

就像我在求婚時所說，我與小玄的相遇是命中注定，兩人一起經歷許多風風雨雨，也從彼此身上學會愛的意義。這次求婚引發的話題，或許能讓社會大眾更加認識這些不同卻又相同的愛。

在交往十多年的歲月中，我們經歷彼此的青春莽撞，共同面對所有的友善與不友善，從過去的遮遮掩掩，到如今勇敢在萬人的祝福下認定彼此。從小玄最開始在心

夫夫

中偷偷決定要跟我結婚，到我真的許下一生的承諾，花了十年。從我初次認知什麼是愛，到學會勇敢說出愛，也花了十年。

這片盛滿祝福的星海，彷彿是一束充滿回憶的婚禮花束，每個光點都紀念著那些青澀、徬徨、焦慮、無知的時光。如今我不再逃避，而是選擇自信地拿著戒指，對著站在面前的男孩、對著牽引著我十年的月亮說出：「讓你久等了！」

小銘小玄對你說

小玄是我安穩的人生中，命運與緣分送給我最美好的預料之外。

2018年1月20日，小銘在蔡健雅列穆尼亞演唱會上，向小玄求婚。

小銘與小玄在演唱會結束後，開心地自拍。

夫夫

2 守護你的少女心，是我的專屬工作

剛剛率先出場的那位，竟然一點都不覺得不好意思，居然說讓我久等了，你怎麼可以對過去的彆扭感到如此驕傲呢？

在大家心目中，小銘是怎樣的人呢？我猜大多數人都認為，他是個高大英俊的體貼暖男，外加粗曠的小鬍子增添一股野性，長著一張適合初老三十的帥大叔臉。

在我們的日常相處中，小銘確實比較精明，比我更會管理生活，習慣預先安排任何事情，對於未來的計畫也想得比我更詳細。平時關注我們影片的讀者，應該可以很明顯地看出，每支影片幾乎都是小銘一手規畫、剪輯並維護。

這樣萬能的好男友代表，我相信不只是男人，女人一定也會愛上。但是，我現在要鄭重地爆料，我家老公的內心其實和粗曠的外表完全相反，擁有一顆超級浪漫纖細

的少女心，只是平常不會輕易現身，有緣才能看見他冒出粉紅泡泡的狀態。

求婚不重形式，而是如何充分展現心意

小銘在蔡健雅演唱會上向我求婚後，曾多次向我明示、暗示他也想被求婚。他會窩在床上，反覆觀看其他同志的求婚影片，當他看到各種求婚場面或感人對話，就會把手機塞到我面前，嘟著嘴撒嬌說：「我也想要被求婚！」

在那之後，小銘變得有點敏感。當我們一起去某個特別的地方，或是我提出特別穿搭的要求，都可以隱約感受到他釋放出的期待。假如當天什麼事都沒發生，他又會努力隱藏心中的小失望。

最後，小銘甚至大打人情牌，跟身邊的姊妹和朋友告狀，說我都不向他求婚，沒有為他創造專屬的驚喜回憶，然後努力擺出最無辜的表情，對我加重攻擊。

這些綜合招式當然對我無效，只是讓我愉快地欣賞小銘各種少女心噴發的場景。

不久後，我們開始全心投入籌備婚禮的工作，忙碌的每一天讓這件事變成偶爾提及的

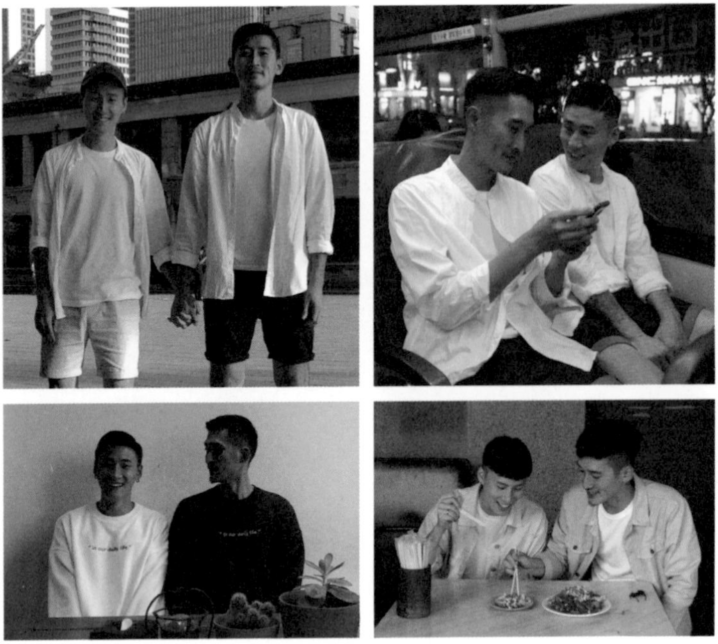

小銘、小玄一起出門時，經常會穿情侶裝。

笑談。

但這麼重要的事情，我怎麼可能會忘記呢！

其實，我過去的不表態是一種計謀，因為小銘的演唱會求婚實在太過強大，不論我怎麼安排，都比不上他之前的規畫。

小銘當初以最高規格向所有人保密，甚至用巧妙的理由，讓我跟他一起穿得很帥去聽演唱會。他的安排幾乎毫無瑕疵，而這份感動也不是隨便用一個小驚喜，或三言兩語就能回應。

另外，我太瞭解小銘的個性，他肯定已經花了大量時間摸透各種求婚形式，一旦我暴露出任何一點端倪，他就可以順著線索直接破梗。

最重要的是，我不想用隨便的態度來展示對小銘的心意。我知道求婚有很多形式和花招，但我最重視如何展現自己的用心，讓這個行為不只是例行公事。

欣賞彼此驚喜的表情，十年都不會膩！

經過長時間的思考，我決定在婚禮中偷偷安排求婚的橋段，才能帶給小銘意想不到的驚喜。更重要的是，我想先讓小銘感到失落，以為我直到最後關頭都不向他求婚，然後再捧著戒指出來嚇他，這種落差帶來的驚喜感一定永生難忘。

我一開始先準備求婚戒指，經過再三考慮，決定訂做一只手工戒指。雖然我對手工藝實在不算有自信，但對我們兩人來說，親手做東西給對方，一直都隱含著特別的意義。從年輕時的手工卡片，到現在偶爾做的手工小禮物，都是為生活添加情趣的方法，我也希望這個精神可以延續到婚後。我和婚禮顧問經過多次討論，決定將求婚橋段安插在我與小銘共舞後的環節。

順帶一提，這個舞步真的讓我們吃足苦頭，甚至到上場前一刻還在加緊練習。雖然動作不難，但兩人必須有默契地隨著音樂相互配合。至於我則是更加緊張，因為腦袋還需不斷想著接下來安排的驚喜。

舞蹈的最後一個動作是兩人一起躺在地上，接著起身繼續下一個流程。因此，當小銘試著把我從地上拉起來，我卻毫無動作時，可以感覺到他正準備變身成「小銘媽媽」，擺出碎念的架式。但我接下來翻身屈膝半跪，並掏出準備好的求婚誓詞抬起頭，方才準備變身的小銘媽媽，已回到平時那個心思細膩的少女。

小銘幾乎當場爆哭，雙頰漲得通紅，一邊掉眼淚卻笑得燦爛，看起來比他求婚時還激動。當下我真是太驕傲了，驚喜果然大成功！

在我們交往的期間，給對方驚喜一直是相當重要的環節，持續十幾年也不覺得膩。籌備驚喜的過程中，腦子裡想的都是對方，會不停猜想這個驚喜是否合適，怎麼做可以更令人感動。這是我們為生活調味的方式，也是表達愛的模式。

我喜歡我們為彼此準備的驚喜，小銘選擇在萬人面前向世界昭告愛的價值，我則是在親友見證下重申愛意。不論是哪種方式，同樣源自於為對方著想的心。

我家老公小銘雖然外表粗曠，做事又很大男人，但心中其實住著一個少女（有時會化身為愛碎念的媽媽）。少女小銘非常重視儀式感，對任何事都抱有浪漫的幻想，但他的這一面不是人人都有機會見到，而是專屬於我的小小福利，也是我這輩子要細心呵護的少女心。

少女小銘，恭喜你也乖乖被我娶回家了。

小銘小玄對你說

小銘的少女心平時不太會出現在大家面前，是專屬於我的甜蜜負荷。

小銘、小玄在求婚橋段之前，開心地共舞。

小玄在婚禮上給小銘的驚喜求婚。

3 和你這大麻煩比起來，結婚只是小麻煩

身為一對新婚夫夫，我相信這句話一定能激起廣大已婚族群的迴響：「結婚真的好麻煩！」

我和小銘有位非常專業的婚禮顧問幫忙顧前顧後，又有許多朋友與廠商願意支持。在這樣天時地利的環境裡，我們仍然一天到晚因為婚禮而「人不和」。真心佩服那些自己籌備婚禮，最後居然不會因此憤而離婚的新人們，你們的愛與堅毅簡直是世界楷模。

沒有辦過婚禮的讀者，可以試著想像成籌備一場複雜的大型派對。首先，要耗費好幾個月的時間準備，基本篇是妥當安排一切軟、硬體設備，包括預訂和勘查場地、邀請親朋好友、確保食物酒水好吃好喝等。進階篇則是安排各種餘興節目，而且自己

跳下去練習，才能感動人心、帶動氣氛。最令人同情的是，上述所有內容都要自己噴錢，而整個歡樂派對中，你和另一半是唯二不能盡興玩樂的小可憐。

另一個麻煩是，結婚不只是兩個人的事，更牽連兩個家族，許多事情都必須顧慮彼此，我和小銘即使交往超過十年，衡量事物的標準依然有許多不同，因此容易一再產生衝突。

籌備婚禮是會呼吸的痛

還記得籌辦婚禮的過程中，我與小銘在兩件事上發生不小的爭執，其中一件是練習當天表演的舞蹈，另一個則是安排親朋好友的座位。

先從第一件事說起。現代人結婚總喜歡安插炒熱氣氛的表演，我和小銘也不例外，更何況我們都喜歡創造回憶，當然不會放過任何為婚禮添加紀念價值的機會。但是，在實際籌備和執行婚禮的大小事時，必須兼顧工作，並努力擠出兩人都方便的時間練習。

愛一個人的全部，不代表任由對方予取予求，
而是在尊重雙方意志的情況下，找出解決辦法。

起初我和小銘堅信可以順利執行練舞計畫，沒想到那些計畫竟然背叛我們的期待，瞬間轉變成毀滅生活步調的大魔王。這讓早已神經緊繃的我們變得更焦躁，常因一點小事陷入幼稚的爭吵。

至於另一件事，則是安排親友的座位。這件事乍聽之下微不足道，卻是籌備婚禮時，心中一個會呼吸的痛。座位配置必須評估各種眉角，例如：誰和誰曾經分手，絕對不能坐在一起；誰和誰不對盤，坐在一起會讓氣氛變差；誰指定要跟誰同桌；誰家老婆禁止老公跟別的女人同桌；某人的親戚討厭某人的老婆，所以整組必須一起挪動位子……。

這些要求簡直就像複雜的排列組合數學題，快把我們活生生逼瘋。雪上加霜的是，我和小銘在分配各自親友的座位時，才發現彼此對於好位置的認知有差異，甚至一度造成雙方的誤會。

現在回想起來，這些都只是微不足道的小事，但我當時滿腦子都是：「我家老公怎麼這麼不可理喻！」甚至數度興起毆打小銘的欲望。

除了彼此溝通不良造成的問題與誤會，有時親朋好友也會搞不清楚狀況，提出一

從婚禮的事前準備到現場安排，都要仔細規畫。

大堆任性的想法。

最常見的是針對座位提出各種要求，而且有些人在婚禮當天才臨時告知會缺席，他們湊起來都能自成一桌了。

對於我和小銘來說，這場婚禮是我們從無到有一步步打造而成的，而且因為許多人的犧牲與努力，我們才能走到結婚這一步，因此我實在無法接受那種輕慢的態度。

辦一場沒有「前例」束縛的同志婚禮

講了這麼多安排婚禮的痛苦經驗，很多人大概都不想結婚了，但過程中還是有許多有趣的部分，尤其籌備一場同志婚禮，更充滿無限的可能性。我自己覺得最有趣的部分，就是這件事在台灣沒有前例，所以在不知所措的同時，也有更多空間可讓我們

小銘、小玄婚禮會場的拍照牆。

在婚禮尾聲，小銘、小玄請嘉賓、親朋好友在西裝上簽名。

執行想嘗試的一切，或安排有興趣的儀式。

我們原本考慮加入傳統婚禮的儀式，例如：跨火爐、潑水等，雖然最後基於整場婚禮的風格，沒有採用這些方案，但能天馬行空地設想自己的婚禮，已經讓我內心充滿感動。

在籌備婚禮時，我和小銘遭遇大大小小的麻煩，以及許多不得不費心處理的情況。不過，我們吵架吵到一半，想起爭執的理由，忽然又覺得自己幸福到不知如何整理滿腔的情緒。

曾經，我只能悄悄在心中幻想自己的婚禮，如今身邊多了一位能攜手走向未來的愛人，甚至可以用自己喜歡的方式實現夢想。想到這裡，我原本因婚禮瑣事而烏煙瘴氣的情緒，總會忽然放晴。看著眼前氣鼓鼓的小銘，以及他一生氣就微微發紅的耳朵，我便毫無理由地渴望緊緊抱住他。

籌備婚禮真的非常辛苦，有太多事情需要操心，也有太多事情不能盡如人意，有時另一半還會無預警地惹事找麻煩。我甚至聽過，有些人將婚禮當作應付父母的活動，自己則興趣缺缺。

但對我們來說，辦婚禮是件不容易的事，因為可以被大眾接納、被父母認同，並找到攜手共度一生的伴侶，實在是受惠於許多人的努力。雖然該生氣的時候，我還是會忍不住生氣一番，但也會從中嘗出一絲甜味，因為是跟小銘一起走下去，一切辛苦都有幸福的滋味。

小銘，雖然我不時想要揍爆你，但謝謝你帶給我們這個特別的一天，以及之後美好的每一天。

小銘小玄對你說

我真心佩服那些自己籌備婚禮的新人們，你們的愛與堅毅簡直是世界楷模。

夫夫

4 我願意分享一切，除了替你準備的驚喜

婚禮顧問在協助我們籌備婚禮時，曾經小小抱怨：「你們各自鋪的梗讓我快忙瘋了。」我和小玄聽到這句話後相識一笑，因為她的埋怨是我們心中共同的默契。

在我們的交往史中，驚喜就像棉花糖中的跳跳糖，為每個重要的轉折及日常生活增添滋味，大至演唱會的求婚、小玄的求婚戒指，小至我替他在熱巧克力紙杯上畫的小小泰迪熊、他為我製作貼滿照片的卡片。它們就像蓬鬆甜蜜中的刺激，讓生活既不膩口又充滿變化。

兩人相識十幾年，都知道對方肯定會在婚禮上安排各式驚喜，而且小玄向來不服輸，在籌備婚禮的階段，已經充滿野心地放話，表示要弄哭我（其實在婚禮上這大概也不會太難）。

當然，我也絕不會放過為彼此創造回憶的機會，我期望在結婚多年後，只要回想起婚禮上的點點滴滴，就會忍不住捧腹大笑或是熱淚盈眶。

★不小心變成大型諜對諜的婚前準備

但是，這種時候最麻煩的就是彼此的默契，為了保證驚喜不重複、不撞梗，還不能讓對方發現，籌備婚禮的過程不小心演變成大型諜對諜現場。

乍聽之下，諜對諜似乎是一件麻煩事，而且很容易引起爭吵與猜疑。事實上，我們都相當享受這種機密的感覺，也許是習慣為對方準備驚喜，也可能是小玄心懷不能輸的覺悟。

總而言之，我們各自卯起來進行機密作業，一邊想像對方被嚇到的表情，一邊暗自竊笑，同時還要嚴密提防敵方突襲偵查，唯恐秘密一時失察而曝光。

小玄是個不擅長懷藏心事和秘密的人，卻開始隱藏和婚禮顧問及好姊妹的聊天群組，讓我無法在他們的對話片段中發現蛛絲馬跡。當然，我也不甘示弱地將各種文檔和影片加上密碼，趁著小玄工作時加緊趕工。

沒想到，我們的諜對諜戰爭，不小心鬧出有驚無險的笑話。

差點悲劇收場的「手機事件」

隨著時間和經驗累積，我們開始步步逼近對方的防線，並專心穩固自己的防守。小玄會特別留意我的談話裡有沒有出現關鍵字，而且特意躲起來講電話，深怕自己不小心說溜嘴。至於我則是久違地設定手機鎖，為了防範小玄偷偷觀察並記住密碼，甚至每天睡前都會更新。

然而，每天換密碼的舉動反而害到自己，我某天早上起床後發現，竟然將昨天設定的密碼忘得一乾二淨。我心懷一絲希望向手機維修店求助，得到的答案卻是「必須恢復原廠設定」，讓我整個人陷入絕望。

我玩過頭而搞砸替小玄準備的驚喜，甚至連婚禮的基本佈置、預約電話等，都必須想辦法一一取回。我拿著像磚頭一樣的手機趕往下一個行程，小玄和我同樣失落，但也只能強打起精神。

然而，上天總愛開玩笑，在你決心接受一切磨難，甚至想好解決方案後，幸運卻在此時再度降臨。手機事件的結果也是如此，當我們結束工作，準備著手補救手機造成的問題時，我一個恍神居然成功解鎖，或許這就是上天給我們的驚喜吧。

★策畫驚喜，比創意也要比速度

我向小玄求婚時，受到蔡健雅演唱會工作人員的諸多關照，因此曾想邀請蔡健雅與她的團隊來參加婚禮，感謝他們提供的一切幫助。

然而，由於檔期因素，蔡健雅和工作人員不方便到場，不過他們主動提議拍攝祝福影片。我對此感到非常興奮，深信這肯定能讓小玄再次流下感動的眼淚。

與此同時，小玄其實也偷偷連絡蔡健雅團隊，但比我晚了一步。他的方法跟我過去一樣，發了一則誠懇的訊息給蔡健雅的粉絲專頁。那兩天我看得出他有些心神不寧，似乎在等待回覆，殊不知這封訊息早就已經流到我這裡來。

小銘小玄參加蔡健雅的音樂分享會，共同合影。

蔡健雅的經紀人一收到小玄的訊息，立刻興奮地向我通風報信，問我該怎麼做才不會破壞驚喜。我當時看著身旁努力假裝淡定的小玄，決定小小使壞，請經紀人拒絕小玄的請求。

當手機的訊息聲一響起，原本慵懶躺在床上的小玄，突然像小魚一樣彈起來，胡亂地摸索著手機，隱約喊出「蔡健……」，隨即又立刻收聲，偷偷地瞧了我一眼。我拚命壓抑失守的嘴角，假裝專心地用手機處理公事。

小玄對於我的知情一無所悉，強裝淡定卻遮遮掩掩地躲到一旁看訊息。接下來這一幕有點太戲劇化，現在我回想起來還是覺得很可愛。小玄深吸一口氣滑開手機，隨後整個人僵住，然後默默蹲下抱頭。這一系列浮誇的反應，讓我一度懷疑他是不是因為打擊過大，打算直接開誠布公他的計畫。

雖然我只看到小玄的背影，依然能感受到他情緒的極端變化，從原本的歡天喜地轉為備受打擊，讓我覺得又心疼又好笑。

我走過去戳戳小玄，試探性地詢問他是否一切沒事，只見他慢慢抬起頭，奮力收起低落的情緒，有點笨拙地帶過話題，隨後我抱緊他，讓剛剛的插曲歸於平靜。

我感覺到藏在身後的手機不斷震動，猜想是經紀人和工作人員在群組裡發訊息關心小玄，擔心他被拒絕後太過沮喪。我看到小玄失落的模樣，心中產生微微的罪惡感，但又為即將達成的驚喜感到興奮。

我親了一下小玄，決定用婚禮的大驚喜填補他現在的失落，讓他一輩子都對這段回憶念念不忘。當然，我也做好被狠狠念一頓的心理準備。

小銘小玄對你說

在我們交往過程中，驚喜就像棉花糖中的跳跳糖，為每一個重要的轉折及日常生活增添滋味。

5 人海中，遇見一輩子的幸福

雖然前面提到規畫婚禮的種種麻煩，小銘甚至把我被整的過程完整爆料出來，但婚禮果然是生命中最幸福的瞬間之一，尤其當你能幸運地和此生摯愛相遇，一路走進人生的下一個階段。婚禮中的每個亮點，都像是生命的美好結晶，散發閃亮的幸福，被記憶銘刻在心裡。

我和小銘都喜歡在生活中追求小小的儀式感，像是特別為了約會穿情侶裝，或特意佈置居家空間。婚禮提供絕佳舞臺，讓我們盡情放大兩人的愛好，還可以把親朋好友拖下水一起玩，從這個角度來看，實在太符合我們的胃口。

相信有些讀者已經看過我和小銘的婚禮影片，但我仍想抓出其中的亮點，與大家分享我們當下的感動。

小銘、小玄婚禮上的超驚人正妹伴娘團。

兩人走出教堂，接受親朋好友的祝福。

有你在的地方，就是家

小銘已炫耀過他如何聯合蔡健雅的團隊，一起欺騙我脆弱的心靈。婚禮當天，蔡健雅在VCR中的第一句話就是：「小玄不好意思，小銘比較快！」我真的忍不住尖叫，瞬間燃起毆打合法丈夫的欲望。

在和小銘交往的這些年，我經過大大小小的驚喜訓練，原以為可以處變不驚地應對他的各種花招，但蔡健雅的VCR只是序曲，小銘在整場婚禮使盡渾身解數，而我居然每次都中招。

還記得那時我在等待小銘進場，他卻遲遲沒有出現，本以為他打算當落跑新郎，不禁感到有些害怕。此時，背景忽然傳來〈人海中遇見你〉的歌曲，我心想：「小銘啊，你不會是要唱歌出場吧！不要選這首歌啊，林育羣的key你會唱不上去。」沒想到走進來的居然是林育羣本人，當下我都不知道該震驚於小銘的能耐，還是感嘆林育羣的歌聲實在太天籟。

林育羣走到身邊攬著我，引導我看向門口。沒多久，小銘便抱著印有我們狗狗

TOUR 照片的抱枕進場，而且堅持用他的低沉嗓音，勉強地唱歌走來。那個瞬間，我的眼淚無法克制地奪眶而出。

小銘實在太瞭解我，永遠知道我心中最在意、最柔軟的部分。TOUR 的離世對我打擊很大，原想把抱枕放在某個座位上，就像 TOUR 看著我們婚禮，但小銘怕弄髒或弄壞抱枕，我才打消念頭。沒想到小銘在婚禮那天，悄悄地將抱枕藏在包包裡帶來，而且選在進場時抱著走進來，讓 TOUR 參與整個婚禮過程。

雖然小銘的 key 一直需要林育羣努力幫他帶回來，但這是我這輩子聽過最觸動心靈的版本，我多麼幸運能夠遇到小銘，他讓我知道，有他在的地方就是家。

平凡的一聲「老公」，背後是條艱辛路

證婚是整場婚禮最動人的環節，除了會場佈置得很美、身邊有親友圍繞，還有厲害到驚人的正妹伴娘團。最重要的是，站在我面前的人是小銘。

我和小銘牽手走到證婚台前，如同我們在相愛路上一直以來的形式，總是陪伴在

左起為黃鴻升（小鬼）、卓毓彤（熊熊）、小玄、小銘、林育羣（小胖）。

小銘、小玄與家人擁抱。

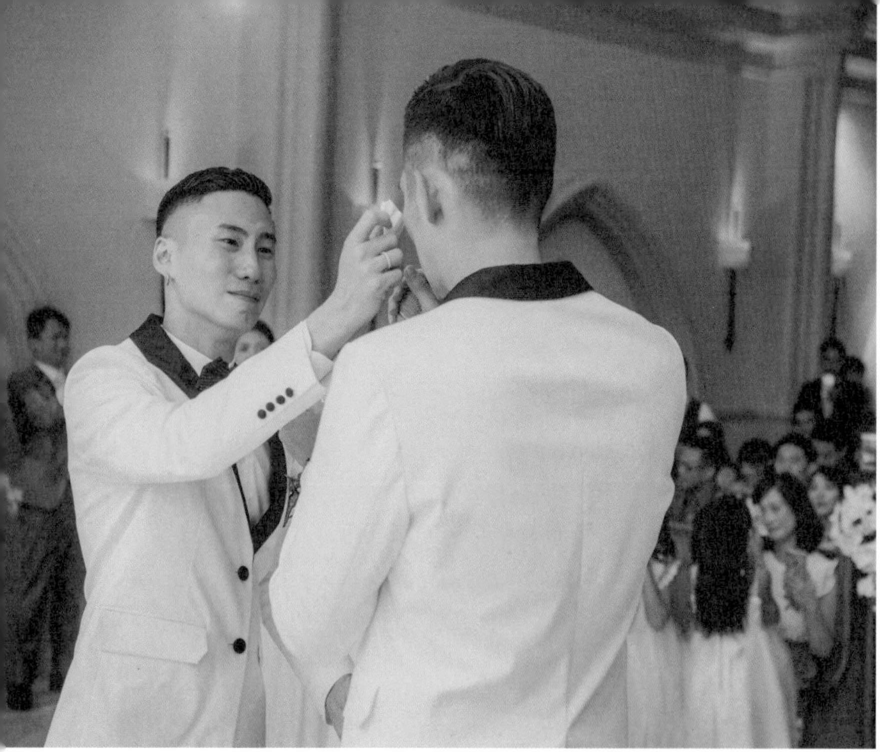

小玄在小銘說婚誓時，替他擦眼淚。

林育羣驚喜登台之後，小銘拿著印有 TOUR 照片的抱枕出現。

彼此身邊，走過一切快樂與悲傷。

小銘粗曠的外表之下，藏著容易落淚的感情體質，從站上證婚台的那刻起，他的眼淚就沒有停過，而且氾濫到誇張的地步。他在感動時哭得比難過時更多，每次我看見他因開心而落淚，都覺得眼前的人實在可愛得過份。

眼前的小銘雙頰漲紅，睫毛上沾著淚水，我原本想替他抹去淚水，說些安慰的話，沒想到一時語塞，只覺得自己的胸口又緊又漲，彷彿瞬間失去所有語言能力。雖然我取笑他哭得這麼慘，其實自己也一樣激動。

在站上這裡之前，我們努力保密的還有彼此的婚誓。小銘實在不擅言詞，很多事都要在心裡醞釀許久才會說出口。我曾經小小吐嘈他在演唱會上的求婚誓言，居然說我是他的月亮，把我講得好像臉很大，真是好氣又好笑。

當我聽到小銘說：「等了十二年，終於讓你等到了！」還是忍不住笑出來，很想用力捏捏這隻大熊熊的臉，竟然好意思說讓我久等。但看到眼前的人一邊掉淚，一邊努力用語言表達愛意，我心想：「我等了十二年，還好能夠等到這一天。」

如同我的誓詞所說，十二年實在過得飛快，因為有小銘的陪伴，這十二年幾乎都是令人想用雙手抓住的快樂時光。歲月沒有在彼此的臉上留下痕跡，而是讓我們的愛更加堅固。我打從心底慶幸自己選擇了小銘，才能在這幸福的道路上繼續前行。

公證後小銘才讓我叫他老公，這第一聲老公，我念得很用力，因為我們都知道這有多麼不容易，多麼值得珍惜。

亞洲第一對同志夫夫，會繼續傳遞愛的真諦

世上最美好的婚禮，一定都是自己的。我的婚禮也是如此，就算被人說是自賣自誇，我也要大聲說：「我的婚禮真的太棒了！」

我覺得整場婚禮最好的註解，或許就是「愛」這個單純的字，所有參與婚禮的人都被純粹的愛感動。我身為一名翻糖蛋糕藝術家，看過不少婚禮現場，但真的很少看到會場中的情緒如此凝聚，以及那麼多不分彼此的愛。

我們邀請的親友中，不免有些觀念較傳統的長輩，我和小銘曾擔心他們在婚禮中會不自在。但事實證明，婚禮的感動以及我和小銘的愛，可以穿透偏見、直擊心靈。

我們的證婚儀式幾乎讓在場所有人落淚，而我印象中最硬漢、最傳統的長輩，看著我們兩個大男人的婚禮，也偷偷拭淚。

我也發現，雖然強大又高冷的婚禮顧問始終秉持專業，在工作現場 hold 住一

切，但她臉頰上也掛著淚痕。如果愛的感動能觸動最傳統的人，以及正在高壓下工作的人，一定能觸碰到所有人的心。

對我和小銘來說，婚禮的感動與美好在於兩人展現出的愛情，世界上有許多奢華的婚禮，但真正打動人心的不是名車接送、奢華晚宴，或是華麗的大教堂，而是兩人擁抱幸福時的真情流露。這份美好不會因為階級、外表或性別而有所差異。

能結婚真是太好了，能讓大家看見我們的幸福真是太好了。我和小銘是台北市信義區第一對登記的同志夫夫，之後也會不斷傳播幸福，讓大家進一步體認愛的真諦。往後的每一個日子，我和小銘都會一直牽著手走下去。

小銘小玄對你說

公證後，小銘才讓我叫他老公，第一聲老公，我念得很用力，因為我們都知道這有多麼不容易，多麼值得珍惜。

6 我的身分證上，必須有你的名字才完整

現在回想起來，同志婚姻法通過的那天，簡直像是上天安排的巨大奇蹟。

當天一大早，大雨下個不停，讓我原本就非常焦慮的心情變得更緊繃。那陣子，我們和身邊同志朋友的情緒，都因為公投結果而跌落谷底，社會瀰漫的惡意氛圍讓許多人難以招架。身為同志族群，經常可以感受到他人的惡意，但當這個事實化作具體數字，並且赤裸地攤在眼前，心情還是會無法控制地受到影響。

★雨過天晴的天空，掛著一道彩虹

時值五月，明明即將進入夏天，從天而降的大滴雨水依舊令人感到寒冷。我和小

玄一早就在青島東路前，守候著立法院的表決結果。我們身旁的其他人不一定是同志族群，依然願意頂著如此糟糕的天氣，在大馬路上淋雨，陪伴全台灣的同志朋友等待最後的結果。

那天中午，小玄需要開店和準備一系列的課程，所以必須先行離開。在送他去工作的路上，我看見小玄眉頭深鎖、不發一語，那是他有心事的表情。我知道他在擔心，不僅是擔心表決的結果，更心繫那些守在街上的人們。

「天氣幹嘛那麼糟。」他有點埋怨地說。

為什麼天氣偏偏要選在這一天變得如此糟糕，彷彿大家還不夠辛苦。我完全可以理解他的心情，因為我心中也盤旋著同樣的情緒，但在小玄的擔心與不安面前，我只能抱抱他，試著安撫彼此心中無能為力的負面情緒，然後送他出門。

我原本想到小玄的店裡陪伴他，但深知他對專業的堅持，不會讓心情波動影響自己上課的水準，我跟前跟後反而會使他難以專心。因此，我答應他會持續關注每一條法條的投票結果，不論結果好壞，我們都會一起面對。

立法院的投票開始，我的心情也隨之起伏，當第一條❶、第二條❷法條通過，外頭的雨勢漸漸變小。我看著直播中一票票轉為同意通過的綠色，被揪緊的心臟仍感覺不到舒緩，到了關鍵的第四條❸，每一票的重量更是用力地打在我的心上。

在宣布通過的瞬間，我整個人像通電般跳起來，過度歡喜讓我想都沒想就衝出大門，明明打通電話就可以和小玄分享喜悅，但我想直接奔到他身邊，一起共享這個感動的瞬間。

當我往小玄的店面跑去，踏過路上的水坑，才發現雨停了，上午的傾盆大雨彷彿不曾存在，天空像被水洗過般晴朗。各種複雜情緒從我的胸口傾洩而出，鼻子也有點發酸。這真的是個美妙的奇蹟。

---

❶《司法院釋字第七四八號解釋施行法》的第一條：為落實司法院釋字第七四八號解釋之施行，特制定本法。

❷第二條：相同性別之二人，得為經營共同生活之目的，成立具有親密性及排他性之永久結合關係。

❸第四條：成立第二條關係應以書面為之，有二人以上證人之簽名，並應由雙方當事人，依司法院釋字第七四八號解釋之意旨及本法，向戶政機關辦理結婚登記。

2019年5月17日，立法院三讀通過《司法院釋字第七四八號解釋施行法》。

我一踏進店裡，正好看到眼淚擦到一半的小玄，他一看見我，又大哭了起來。

小玄平常哭點很高，總是能ㄍㄧㄥ住眼淚，這次卻哭得毫不壓抑。我走近並緊緊抱住他，覺得自己的眼淚也在潰堤邊緣，但還是笑著說：「有什麼好哭的，哭成這樣。」

小玄吸吸鼻子，指著窗外明媚的陽光說：「天氣太好了。」

夫夫

★幸運有你，填補身分證配偶欄上的空白

政府宣布五月二十四日為同婚登記首日之後，我和小玄便開始商量並著手安排，想再次為彼此創造一個值得紀念的回憶，小玄甚至誇下海口，立志當天早上五點衝去排隊，成為第一組登記的人。

後來，婚姻平權大平台聯繫我們，詢問是否有意願參與公開登記的活動，我們才有機會完整記錄整個登記的過程。到我們家跟拍的記者是位可愛的大男孩，特別帶來一束棒花當作賀禮。我們一開門就被捧花迎接，讓小玄笑得睡意全無。

值得一提的是，這天也是我們第一次和祁家威老師正式見面，他削瘦的身形一如往常，我們從規畫登記之初，就一直希望能邀請他擔任證婚人。

對我和小玄來說，祁老師一直都是傳說般的人物，足以代表台灣同志運動的起點。不管是同志遊行時，他在高處揮舞著彩虹旗的身影，又或是接受媒體採訪時，堅定不移的神情，都令人感到敬佩。

很難想像，當年祁老師要拿出多大的勇氣，才能在那個比現在更保守的社會，

站出來發聲。因此，我們與他見面，甚至有幸請他擔任證婚人，都令我們內心激動不已。

還記得當時見到祁老師，小玄含著眼淚對他說：「我可以抱您一下嗎？」祁老師笑得很乾脆，立刻給我們大大的擁抱，小玄一邊抱著他，一邊小聲地說謝謝。這不僅是感謝他給我們的祝福，也是感謝他當初在這條漫漫長路上，踏出充滿勇氣的第一步。

同婚這條路，從一個人走到一群人走，總共花了三十多年，終於讓同性伴侶們拿到印有另一半姓名的身分證。我們拿起身分證，圍繞在身邊的媒體記者紛紛按下快門，鎂光燈閃個不停，雖然光打在臉上很刺眼，但我們笑得更燦爛。

曾經，作為同志或許是必須努力隱藏的事，但在這一刻，我們不再見不得光，而是帶著所有人的祝福，繼續朝人生的下個階段邁進。

直到現在，我和小玄還會時不時拿出身分證，看著印有對方名字的配偶欄，心中泛起一陣甜蜜的漣漪。有人可能會覺得這太肉麻，但我不得不說，曬身分證竟然會讓人上癮。

2019年5月24日，小銘、小玄是台北市信義區第一對登記結婚的新婚夫夫。

兩人與祁家威的合照。

在辦理結婚登記時，我們填完資料後過沒幾分鐘，就拿到更新為已婚的身分證。對異性戀來說，登記結婚是件很容易的事，只要向戶政機關遞出填好的資料，不用幾分鐘，兩人的婚姻效力就能得到承認。但是，同志的結婚登記卻遲了好久。

能在身分證的配偶欄上，填入愛人的名字，是由無數人流血流淚努力的結果。一想到此，便覺得這張小小的卡片意義非凡。在我們心中，這不只是具有法律意義的卡片，更是社會走向未來的希望。

我和小玄深信，在不久之後，同志曬身分證的行為可能會被笑太矯情。但我們堅信這樣的未來一定更加美好、更值得期待。我們很幸運，能找到彼此來填滿配偶欄上的空白，也讓生活被幸福填滿。

小銘小玄對你說

在戶政機關登記結婚只需要幾分鐘，但是對於同志來說，這延遲了好久。

第2章

當兵前遇見你，是我一輩子的幸運

很多人羨慕我們能自在地公開放閃，然而這一切都要感謝小玄，在那些數不清的歲月中，他一點一滴卸下我的心防，讓我重新認識自己，發掘不一樣的可能性。

夫夫

一次遲到，讓幸福沒有遲到

生活中難免遇到大大小小的倒楣事，讓人打從心底覺得世界在狠狠惡搞自己。例如：不小心錯過公車、過馬路時一直遇到必須等很久的紅燈，或是單純比平時晚起十分鐘，都會讓人覺得自己即將衰一整天。

我很討厭遲到，因為會耽誤工作，進而衍生出無止盡的麻煩。但每當我回想起十二年前某次遲到的經驗，心中只有滿滿的甜蜜。那一天不過是我生命中短短的小插曲，卻在後來十二年的歲月中，延續為長長的幸福。

有時候，我會靜靜看著睡在身邊的小銘，回想我們第一次見面的情景。如果我那天體育課沒有遲到，或許就不會遇到他，更不會找到在我生活中，塗鴉出各種幸福圖樣的伴侶。

當時大學才剛開學，我還不太熟悉校園，匆匆忙忙地跑進韻律教室。只見所有人已經三三兩兩地分好組，在木地板上就定位，而突然跑進教室的我，理所當然成為所有人目光的焦點，令我不禁感到緊張。那堂體育課是和隔壁乙班唯一的共同課，有許多第一次見到的生面孔。

由於課程需要兩人一組，老師看看我，又環顧四周，隨手指向獨自坐在人群邊緣的男孩，讓落單的我和他同一組。

我剛踏進教室時，完全沒注意到這個男孩，他雖然身材高大，卻安靜沉默，低調地將自己融入人群中。我只知道他是隔壁乙班的學生，我們過去沒有任何交集，不曾說過話，也沒有共修的科目。

眼前這個男孩，乍看並不覺得特別帥氣，近看才發現，他有著我看過最纖長的睫毛，讓我有點發愣，忍不住直盯著他。可能是我實在看得太久，又或是他也覺得我很可愛，於是他靦腆而友善地對我回以微笑，露出兩個好深的酒窩，害我心臟漏跳一拍，忽然覺得眼前的男孩好像有點可愛。

這個睫毛長長、酒窩深深的男孩話少到不行，甚至可說是有點自閉傾向，簡直和

夫夫

我的個性完全相反。我喜歡找人聊天，很容易與大多數人找到共同的話題，只是一點小事就能夠閒聊很久。對我來說，認識新同學是件非常簡單的事，只要能聊起來就萬事順利。不過，這一切都是建立在我遇到這個男孩之前，眼前的他簡直是考驗我功力的大魔王。

這輩子真的沒遇過這麼難聊的人！

一般人初次見面時，應該都會簡單寒暄和自我介紹，沒想到眼前這人竟然全部省略帶過。儘管我努力問東問西，他也只丟下最簡單的回覆，用最乾的方式毀滅話題，讓對話直接死在沙灘上，沒留給我半點延續的機會。

接下來，老師要求我們和組員互相測量脈搏，我將手指搭在男孩的手腕上。在這個極容易陷入尷尬氣氛的時刻，一般人大概會說些無謂的話，好應付這段有點難為情的時間。

但眼前的男孩沒說話，只是害羞地微笑，低垂著雙眼，緊盯自己的手腕，他那對長得驚人的睫毛，一眨眼就像蝴蝶翩翩起舞。我明明身處在吵雜的大學體育課堂中，卻覺得教室變得好安靜，空氣彷彿瞬間凝結，只感覺手指傳來他脈搏的輕微跳動。

大學時期，小銘經常一邊畫畫
一邊和小玄聊天。

兩人一起過生日。

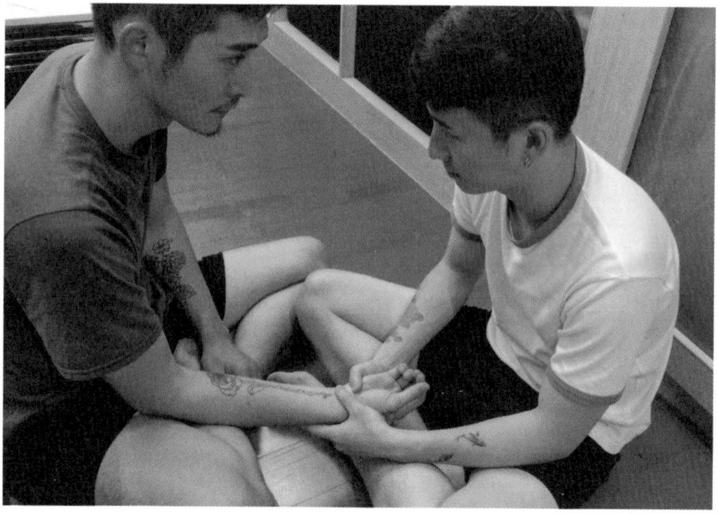

小銘、小玄重現第一次見面時的體育課場景。

我忽然覺得，這個難聊的男孩好像不只有點可愛。

★用超高速直球，拿下淡定木頭男！

每個人或多或少都有這種心情：當遇到一個跟自己非常不一樣的人，總會不由自主地想要理解對方、多和他聊天，或是逗逗對方來觀察他的反應。尤其對方好巧不巧是個可愛的男孩，自然而然會被他的行為舉止吸引。

於是，我找到一個「跳板同學」幫我們交換 msn，開啟每天聊天的日常。我們的聊天模式很固定，通常是我一個人對著電腦的視訊鏡頭自說自話，分享生活中無謂的瑣事。當我以為男孩根本沒認真聽時，他卻突然抬頭，接續我剛剛說的話題，給出意想不到的反應。他不擅長交際，喜歡默默做自己的事，經常露出一派淡定的表情，卻總是認真地聽別人說話。

我從來沒有遇過這樣的人，面對任何事都一臉木然，卻又異常認真，說話前總是經過深思熟慮，開口後又再精簡七成，剩餘的部分全部封存在心底。我試圖想從他心中刨出什麼，或是撒嬌讓他開口，但他往往淡然回以微笑，輕輕地說：「我更喜歡聽你說。」

一來一往的過程中，我原本只萌生出小小的心動，但這份感情開始令我感到難受，因為完全摸不透他究竟是不是喜歡我，甚至不知道他會不會喜歡男生。

我對待感情總是很心急，對於這個一開始連名字都不知道的男孩，深知不可以拖延或期待他主動。尤其已經領教過這傢伙是多麼害羞內向，又多麼木頭，一定要主動出擊，快刀斬亂麻才能開闢出一條活路！

我向他告白的那一天，一切都一如往常，他一邊和我視訊、一邊專心畫畫，我則是專心看著他。我的雙眼不斷在電腦桌上的各種擺飾間游移，彷彿只要盯著那些不相干的東西，便可以消解緊張。

糾結了很長一段時間後，大腦告訴自己應該要講明白，至少確定對方的心意，但真的要開口時，卻緊張地說不出話。我從視訊窗裡看著他低頭趕作業的模樣，話突然梗在喉嚨說不出口，最後決定簡單地用打字告白，然後迅速關掉電腦，試圖逃避他的回覆。

夫夫

我抱著膝蓋縮在電腦桌前，不斷設想著他會如何回答。等到我再次鼓起勇氣打開螢幕，看見他答應我的告白，卻沒有其他特別的表示，甚至淡定地繼續趕功課，這個男人果然異於常人。

我想，正因為小銘是這麼踏實又淡定的木頭男，每次都做出超乎想像的有趣反應，才讓我逃不出當時的心動吧！

小銘小玄對你說

當我回想起十二年前某次遲到的經驗，心中只有滿滿的甜蜜。

2 你的出現，給我機會認識自己

在遇到小玄以前，我是個孤僻的人。

剛進大學時，身邊的同學忙著結交新朋友，但我更喜歡默默在一旁待著，除非有人向我搭話，不然幾乎不會主動與人互動。

在就學過程中，我一直把人際關係看得相當淡泊，和朋友的交情也不熱絡，多數時間都專注於念書，以及參加各種大大小小的比賽。我始終認為，即使獨自一人，也不會對生活造成太大影響。

但是，當那個白白淨淨的男孩，總是主動湊過來找我聊天，內心好像有股暖流流過。現在回想起來，也許是覺得在新環境需要新朋友，或是因為他總用充滿興致的笑容，回應我無趣的答話，又或者其他當時未曾察覺的原因，讓我漸漸覺得，有人陪在身旁也不錯。

我們交換 msn 後，每天都會在電腦桌前視訊，不特別為了什麼，只是回家習慣打開電腦，然後看彼此在電腦桌前畫設計圖，有一搭沒一搭地聊天。

多數時間都是小玄說話，我在螢幕的這一端默默聆聽，我不善於分享自己的想法，很多事情都是靠寫字和畫圖來表達情感。但是，小玄和我不同，他一開口就能讓我在心中勾勒出一幅藍圖。

我有時會想，為什麼這個小個子這麼有活力，彷彿所有事情在他眼中都別具意義，他總是用話語帶我重新欣賞這個世界，在本該習以為常的事物上，添加驚奇與色彩鮮豔的濾鏡。

我開始享受有小玄陪伴的每一天，儘管我們兩人一個在三峽、一個在內湖，但視訊把這兩個空間連結起來，讓我知道畫畫的時候可以不孤單。

那一天，小玄突然說：「我有一件事情想告訴你。」我沒有多想，只是含糊地回應說好。他吞吞吐吐一陣子，改口要我看他打的字，我聽到一陣輕微的打字聲，抬頭一看，對話框裡簡單直白地寫下：

我喜歡你。你願意跟我在一起嗎？

但是，原本在視訊框裡的人卻躲起來了，似乎關上電腦，畫面只剩一片黑。我有點驚訝也有點疑惑，只感覺自己的心跳微微加速，不太確定心中萌生的情感是什麼，但隱隱約約地感到開心。

小玄是我的初戀，我在此之前沒交過女朋友或男朋友，對喜歡人的概念很模糊，因此不太確認這份悸動算不算是戀愛的喜歡，但我做出一個與平時不同，沒那麼深思熟慮的決定。我敲了敲鍵盤，簡單但沒有絲毫猶豫地回覆：

好啊，我們可以試試看。

那時，我無法確切知道內心的騷動是什麼，但我知道自己喜歡小玄的陪伴，喜歡畫畫時聽到他的聲音，還有當他說喜歡我時闖進心中的特別情感。現在的我仍然難以具體形容那種感受，但我可以肯定，如果是跟小玄一起，孤僻的我願意走出心中的小圈圈。

★交往後，隨之而來的是不安與害怕

或許有些人知道，有些人可能會感到訝異，我和小玄交往時，有很長一段時間沒有正式公開，最根本的原因在於：我一直沒有出櫃。

當時社會風氣仍偏向保守，而且對同志帶有明顯敵意，新聞媒體提到同志時，總會「順便」貼上吸毒、雜交、愛滋等負面標籤。別說是思想較傳統的家人，有時候連身旁的朋友，都不一定能完全接受同志族群。

在被小玄告白的當下，我深信感情是雙方的事，也知道自己想和小玄在一起，所以沒有太多猶豫。但是，當我沉澱心情去規畫未來，卻開始恐懼我們的感情不被身邊的人接受，也害怕隨之而來的傷害。

交往滿一個月時，我第一次拜訪小玄家。我在他房間裡好奇地東翻西翻，時而看看書櫃，時而摸摸桌上的小雜物。小玄身處熟悉的環境中，一舉一動變得更自在，我

兩人的大學時期幾乎都形影不離。

忽然覺得自己更深層地認識他。

但是，這反而讓近一個月來累積在我心中的不安，源源不斷地湧現。

小玄的個性活潑外向、熱愛分享，對他來說，分享喜悅是再正常不過的事。然而，他現在必須顧慮到我的家人，還要因為我的擔憂，向大家隱瞞我們的關係。

我突然開始恐懼，擔心自己沒辦法給小玄穩定的生活，無法向他保證未來，更悲傷於自己害怕他人眼光，不敢公開承認戀情，連保護小玄都難以做到。我不知道該如何解決這些問題，甚至不知道如何做自己。

當小玄笑著說要煮東西給我吃，一股淡淡的暖意襲上心頭，但隨之而來的是對那張笑臉的愧疚感。我忽然發現這個男孩好重要，卻不知道該怎麼保護他，突然間內心累積許久的情緒開始潰堤，我哭著對小玄訴說這陣子思考和擔憂的一切。

看見我突如其來的情緒崩潰，小玄雖然感到驚訝，仍舊一邊輕聲安慰，一邊包容我的恐懼，那是我初次認真面對內心深層的情感，簡直像個到處摸索的笨拙小孩。在眼淚掉落前，我甚至沒發覺自己已思考得如此深刻，也不知道原來心中考慮這麼多關於小玄的事。

我平常總是把內心隱藏得很好，很少情緒失控，遇到問題通常會自行消化，默默想辦法解決。這是我的壞習慣，也是保護自己免於受傷的偽裝。但在小玄面前，大腦卻不受控制地跳出各種思緒。

經過這次的情緒崩潰，我發現小玄是讓我願意坦承一切的人，雖然我的焦慮無法立刻解決，但我們可以一同面對，合力思考如何突破難關。當時的我青澀又不成熟，不清楚該怎麼面對這些問題，小玄的溫柔讓我直視自己的迷惘與脆弱。

很多人羨慕我們自在地公開放閃，然而這一切都要感謝小玄，在那些數不清的歲月中，他一點一滴卸下我的心防，讓我重新認識自己，發掘不一樣的可能性。

小銘小玄對你說

我永遠記得，那句讓我們牽手超過十年的告白：「我喜歡你。你願意跟我在一起嗎？」

夫夫

3 無法見光的戀情，只能隱忍發酸的醋意

要讓甜蜜成為日常，需要很長的磨合期，當日子不再只剩戀愛，其他滋味便開始進入雙方的生活。這些味道有苦有鹹，但是對小玄來說，很多時候則是酸得令他瞇起雙眼，惡狠狠地瞪著我。

在異性戀的關係中，是否公開戀情常與一個人的個性與心態有關。但在同性戀的關係裡，由於每個人的考量與所處環境不同，公開交往便有不一樣的解釋與困境。

如同前面章節所說，為了顧及我未出櫃的身分，我和小玄在學生時代並沒有公開交往。身邊的同學可能會覺得我們兩個很古怪，明明一個人在甲班、一個人在乙班，兩班之間也沒有特別交集，偏偏總是膩在一起。有時候是一起吃飯，有時候是等對方下課，又或者是專程送一杯熱飲給對方暖手。

當有人詢問我們的關係，我時常默默帶過，或者簡單地說是朋友。對我來說，這是無奈的妥協，但對小玄來說，卻是無形的傷害。小玄曾說，我是看不出真實性向的不明族群，讓他的戰線被無限擴大，更容易產生不安。

☆看著戀人被糾纏，卻無法開口阻止

很多時候，當周圍的人對我釋出好感，我只當作是普通朋友的互動，或者不做任何回應來避嫌，以為這就足以彰顯自己的態度，卻不知道在小玄眼中，看著自己的男朋友被人糾纏，但無法開口阻止，是多麼委屈的事。

小玄在吃醋時，經常會把雙眼睜得大大的，賭氣地緊咬著嘴唇，整個人像隻小刺蝟一樣，全身豎起尖刺，散發出渾身的不滿。看到他氣鼓鼓的樣子，我反而覺得有點可愛。

有時候，我甚至不會察覺到小玄正在吃醋，即使隱約感受到他的醋意，但我認為只要自己行得正、做得直，他應該就不會生氣。我像是醋味的絕緣體，不懂他為什麼吃醋，更不知道該如何安撫。

我從學生時期開始，便會到市集擺攤，販售自己手工製作的飾品。此時，如何推銷作品便是相當重要的技能。在交流過程中，有些顧客不僅止於閒聊，經常光顧的熟客甚至會找我說心事，而且只要我來擺攤，他們會特別前來捧場。我認為這是再正常不過的事。與顧客建立好交情，不但能讓作品有更多機會曝光，也可以交到朋友。

某天，小玄到我的攤位來探班，剛好有個常來找我閒聊的熟客也在場，我不覺得有什麼不妥，只覺得小玄一直很不開心，我也連帶跟著煩心。直到那位熟客離開，小玄才向我吐露心聲，他說可以理解我不出櫃的選擇，也理解我的個性，但他仍然會吃醋、難受，那些情緒需要我陪他走過。

過去，我會因自己的木訥而對小玄感到愧疚，但當時我實在不擅長與人交流，會不知不覺忽視身旁的跡象，一心專注於眼前的事物，很多時候小玄已經氣到冒煙，我仍渾然不覺自己做錯什麼事。

直到我第一次嚐到吃醋的滋味，才知道小玄平時的感受。

★醋意絕緣體初嚐吃醋的滋味

小玄個性活潑，長得白白淨淨，跟任何人都能當朋友，自然相當討人喜歡。可想而知，在學校裡擁有好人緣與高人氣的小玄，身邊不乏追求者，有時甚至直接在公開場合對他示好。不過，當有人對他釋出超過友情的好感，小玄總會迅速劃清界線，讓我根本沒時間意識到這件事。

然而，大學的某位學長被小玄拒絕後，依然殷勤地送他飲料、禮物，或是刻意在下課時間等他，甚至毫不避諱地肢體接觸。看到這些高調示愛的手段，我內心感到相當不是滋味。

某次，那位學長竟然直接用親暱的口吻對小玄說話，一旁的我臉已經臭到發紫，學長依然不當一回事。小玄因為他一連串的行為而感到焦躁，再一次直白地對他說：「我已經有男朋友了！」但學長只是聳聳肩，擺出不在意的樣子回答：「我不介意公平競爭。」

在那個瞬間，看得出來小玄強烈拒絕學長，我也完全信任小玄，但心裡還是覺得

小玄個性活潑開朗，大學時期的人緣非常好。

不太舒服。煩躁感就像一簇小小的火苗，不至於發怒，卻在心口上不斷發燙，讓人感到不舒服，又說不出哪裡不對勁，只知道每次學長出現在面前，我就會覺得不自在、喉頭發酸。

我吃醋了。這是我第一次體驗到這個字的意義，過去我把人際往來看得很淡，懶得維持關係。但因為小玄，我第一次嚐到吃醋的滋味。

我發現自己難以處理吃醋的情緒，反而變得更加沉默，表情更加淡然。

我不喜歡那位學長，但他讓我知道自己多麼喜歡小玄。然而，我無法像霸道總裁一樣，霸氣地表明自己的身分。相較之下，小玄才是帥氣王子，堅定地守護我們的戀情，和我缺乏安全感的心情。

小玄曾說，我現在的模樣是他花十幾年精雕細琢而成，這句話真的一點都不誇張。許多人看我們的互動，會把我當成天菜或男友典範，但其實在交往初期，我的很多行為都讓小玄受盡委屈。

我親身體驗小玄的感受，才明白他平常有多無奈，但沒辦法像他一樣，完美地應對一切。小玄用他的行動一步步感染我，總是直率地面對並磨合彼此的差異，讓我體會戀愛的各種滋味。

戀愛初期，人們最關注的往往是自己，不論是心動的感覺，或是內心的小劇場，其實都源自於想像。如何將想像轉變成相互瞭解呢？我認為，最重要的是積極理解彼此的感受。

對許多情侶來說，吃醋是感情中的大敵，但對我來說，吃醋是理解小玄感受的重要體驗，也是造就我們往後甜蜜的重要一步。

我們偶爾會回顧過去的學生時光，小玄總是趁機細數以前讓他吃醋的人事物，並活靈活現又浮誇地重現當時的場景，再裝得氣撲撲地表示想海扁那些人。他活潑生動的表情，總是讓我發笑，彷彿回到那些不成熟的年輕歲月。過去的醋味經過時間的淬鍊，變得更有餘韻，也讓我們經歷的感情更有滋有味。

小銘小玄對你說

看著戀人被糾纏，卻無法開口阻止，是多麼委屈的事。不過，經過時間的淬鍊，過去的醋味如今變得更有餘韻。

夫夫

4 服役時，與部隊中臭直男的相處之道

當兵是大多數男性的必經之路，就算心不甘情不願，還是必須剃掉頭髮，被丟進部隊關個幾年，才能再放出來。當兵的日子，也是我和小銘自認識以來，分開最長的一段時間。

也許是命運捉弄，我的入伍日期和小銘的退伍日期剛好相隔一天。也就是說，前一天我還開開心心地迎接男友回家相聚，隔天就要和他在台北車站，上演十八相送的戲碼。

我接到兵單時，正好是工作最繁重、最忙碌的時期，當時並沒有多想日期的事，而且我的資格符合替代役，所以並不是特別擔心。直到小銘和我討論退伍後的計畫，我才突然驚覺這個殘酷的事實。然而，入伍令不會因為「兒兒私情」而選擇寬容，所

小玄入伍前在台北車站拍照留念。

小銘當兵時，寫給小玄的卡片。

以我也只能帶著無奈的苦笑，前往集合處報到。

入伍當天，小銘特別找許多朋友一起到車站送我，希望能開開心心地入伍。但在車站大廳的另一端，領隊的軍官一臉嚴肅地要求新兵列隊站好，再加上每個人的表情又是一臉大便，彷彿下一刻真的要上戰場慷慨赴死，整個氛圍凝重不已。原本不緊張的我也跟著拘謹起來，不敢跟朋友講話。

集合完畢後，軍官要求所有新兵一定要「頭也不回」地離開。這個命令讓我無法跟小銘好好道別，他只能偷偷跟著隊伍，悄悄塞一份三明治和手作卡片到我手裡，小聲地吩咐：「現在還太早，等等上車記得吃。」

原本已經放涼的三明治被我握了許久後，變得有點溫熱。當時車內一片愁雲慘霧，或許是因為大家離開家人、伴侶而感到難過，時不時傳出啜泣聲。車子開了一段時間後，我才打開小銘的卡片，裡面寫滿鼓勵的文字，腦海中突然浮現他昨晚不斷叮囑的情景，再加上耳邊傳來斷斷續續啜泣聲，我突然開始有點想哭。

就這樣，我和小銘又進入另一段長時間的分離。

幸運地沒有遭遇兵中霸凌

許多電影會探討同志在軍中遭受霸凌和歧視的問題，但就我個人的經驗來說，很幸運這樣的事情沒有發生在我身上。

同袍之間難免有一群人會在你身後嘀咕，但這種事在我的日常生活中已經稀鬆平常，只是換到不同的環境而已。同梯中也有幾個同志，我們彼此心照不宣，生活中的大小事也會互相關照。

有趣的是，對這方面一無所覺的直男，看我把自己收拾得比較乾淨，經常會湊到我身邊說：「你長這麼好看，身邊一定很多妹吧！」然後「妹頭、妹頭」的稱呼我或在旁起鬨，要求我放假時幫忙多介紹幾個妹子。

我每次聽到這種話，只會笑笑帶過，因為可以感覺到他們沒有惡意，反而覺得可愛。但真的令我感到衝擊的，還是軍中的震撼教育。

還記得我們剛下車時，班長們已經準備好要磨一磨這群「菜逼八」，怒吼聲在入口處此起彼落，每個班長的台詞都不一樣，但統一標準是超級大聲，我聽了都十分佩服他們的喉嚨。

接下來，還沒理頭髮的人會被集中在一起，送到一票看起來很有剃頭經驗的叔叔、阿姨面前。他們的手法很俐落，「滋～滋～滋～」幾下就是一顆平頭，像工廠生產線一樣有效率。

但因為過於有效率，根本來不及顧細節，整顆頭到處都是沒剃乾淨的地方，每個人的頭髮都像被狗啃過，有些人的頭上還有一小束一小束的殘髮，就像電視劇裡的乞丐頭一樣。可憐的新兵們必須自己找機會偷偷修掉，不然被班長發現，又是一陣大罵和酸言酸語。

在一堆臭直男的兵營中，也要保持美麗

很多人知道我愛美，小時候甚至為了買保養品而拚命存錢，或是替媽媽打工賺錢，因此我相當不適應軍中的戰鬥澡文化，以及無法好好保養的日子。第一次放假回家時，我發現身體散發出沒有好好洗澡的臭味，忍不住一邊爆哭，一邊狠狠地刷洗自

NO WAR!

己的身體，連腳趾頭縫都不放過。

而且，我好不容易放假回家，見到睽違許久的男朋友，不僅無法向他展現自己最好的狀態，甚至還有點臭臭的，實在令我傷心欲絕。

於是，我後來自己發明一套在軍中生存的方法，像是在櫃子裡藏一小瓶化妝水，趁沒有人注意時快速往臉上拍兩下。現在回想起來，那些在軍中設法保養的小手段，真是有趣的回憶。

對大部分的男生來說，當兵其實是一種考驗，每個人覺得辛苦和討厭的地方不盡相同。雖然我沒有實際遇過，但曾耳聞軍中某些針對同志的言論，聽到的當下真是不禁大翻白眼。

許多直男都會有類似台詞：「你們當兵是不是很開心，可以跟很多男生朝夕相處耶！」而且問完這種問題後，通常還會搭配固定的附屬句子：「不要亂看，很噁欸，不要想上我喔！」

我至今還是不太理解，為何有那麼多自我感覺良好的直男，以為同志隨時都對他們有興趣。真的很想請他們稍微照一下鏡子，同志可是比女人還挑剔的好嗎！為了眼睛的健康著想，我實在無法盯著那些不修邊幅的直男太久。況且我已經有小銘這樣的天菜，當然誰也看不上。

小銘小玄對你說

現在回想起來，當兵是我和小銘自認識以來，分開最長的一段時間。雖然我們距離遙遠，彼此的心卻依舊靠近。

夫夫

5 分開的想念，替情感再一次加溫

當兵那段時間的痛苦很真實，但又很難三言兩語說明白。軍中的規定繁雜，很多要求既為難人，又缺乏效率，我就像落入一個不適合自己的模版，必須硬生生切下多餘的部分。所有瑣碎且不盡人情的細節，都是在強迫每個人融入這個模版，唯有如此才能變成一模一樣的士兵。

我入伍那天，小玄正好要上班，無法請假來送我，因此當天是媽媽騎車送我到車站。我雖然想把握時間跟媽媽多說幾句話，但她的個性和我一樣，不擅長用言語表達情感，很多時候只是默默地陪在身邊，但這種安靜往往讓我感到安心。

媽媽和我道別時，並沒有多說什麼，只是叮嚀我幾句，希望我注意安全、保重身體。我抱抱她，心裡跑出各式各樣的情緒，明明收到兵單時，沒有太多困擾或不甘願，但當日期走到這一天，我卻很抗拒上火車。上車後，我看著窗外變換飛快的風景，腦子裡仍是媽媽的身影。

★交換日記上的思念筆觸，讓心裡的距離更靠近

說來有點奇怪，一般人當兵時通常會擔心兵變，但我對小玄異常放心。其實以小玄受歡迎的程度，應該要多憂慮一點，但我堅信這段愛情，再加上小玄當時爆肝的工作量，所以我寧可花更多時間去思念他，而不是猜疑。

於是，我開始寫日記，記錄每天在軍中的大小事，放假和小玄見面時，便拿出日記本，和他分享那幾個禮拜發生什麼有趣、難過的事，甚至是無聊的事，補足暫時無法見面的時光。

小玄看到我這麼做，也開始比照辦理，在忙碌的職場生活中，仍努力抽出時間寫日記，而且還不斷提高標準。雖然他不擅長繪畫，但看到我喜歡在日記裡畫小插圖，也努力在邊緣勾勒圖樣。我看著他樸實的筆觸，覺得非常幸福，這段時間我們雖然分

隔兩地，但是心的距離依然靠近，並透過一筆一畫交換彼此的思念。

直到現在，那些日記本還是我們珍貴的寶物，被小心翼翼地收藏在櫃子裡。我們偶爾會拿出日記本，一起回味那段暫時分開的日子。

軍中生活的疲倦和緊湊，讓放假時間變得彌足珍貴，我喜歡和小玄在家享受真正的放鬆，也喜歡和他到各種地方悠閒逛街。當我在台南新訓時，小玄特地南下找我，相約在高雄旗津小旅行，品嚐各式小吃。其實，以兩人當時的忙碌程度，若不是當兵，或許沒有時間安排這些旅行。

★看著星空，用想像描繪兩人的將來

沒放假的時候，我在軍中也有一套自我放鬆的方式。當時我最喜歡的工作是站夜哨，許多人覺得我的喜好很奇怪，因為站夜哨明明容易睡不飽，而且半夜又黑又杳無人煙，總覺得會發生可怕的事。不過，我卻很喜歡那份安靜，寧靜得彷彿遺世獨立，可以靜下心思考很多事情。

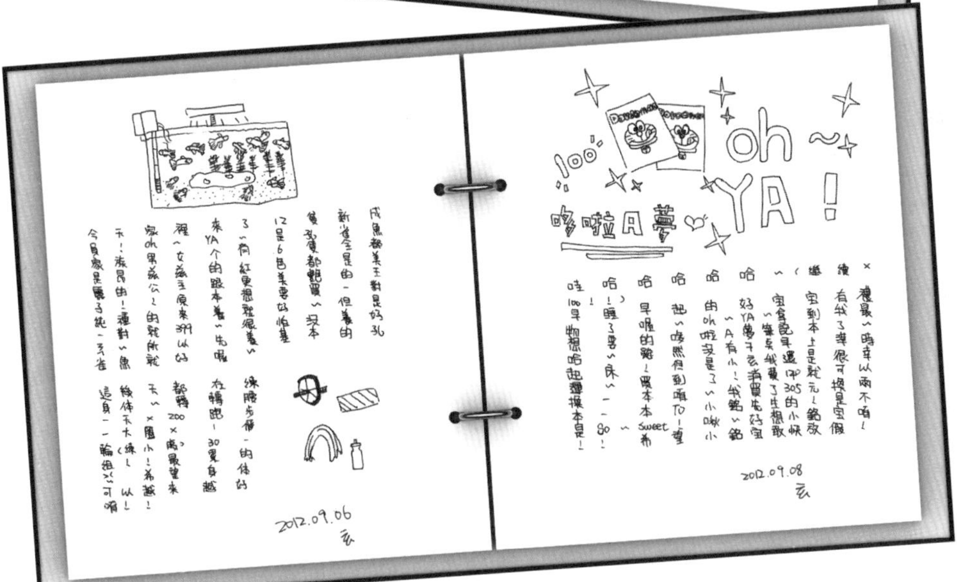

上圖為小銘的交換日記。
下圖為小玄的交換日記。

台南新訓結束後，我下部隊在花蓮，營區位於山谷間，其中一個哨站剛好夾在兩座山壁之間，往左望是大山，往右望是更大的山，正中間的最低點才是自己，一抬頭可以看到滿天繁星。我總是深刻地感覺到，自己在大自然中顯得多麼渺小。

夜間站哨是軍中不可多得的清閒時光，我會細聽山中的各種聲音，讓思緒任意奔馳，或是完全放空地看著星空，用星海填滿腦海。

有一次，我覺得自己看見飛碟，那是一顆以不規則軌跡在空中高速亂竄的星點，閃著光芒轉了幾下，便忽然消失在空中。過了一段時間，我才反應過來，但沒感到特別害怕，腦袋裡第一個浮現的想法是：我要記下來和小玄分享，看看他有什麼反應。

在深夜的山壁間，佔據我大腦最多的是小玄。我經常猜想，他是不是正在重重的山巒後安睡，或是正在做一些雜事，拖著不願意上床。當天色漸亮，我會想像小玄有點犯懶的賴床，最後不情願地爬起來，努力把自己打理好去上班。這些思緒讓我在深山野嶺間忍不住偷笑，也多一些時間去想像、編織有小玄的未來。

對大多數情侶來說，當兵的日子令人相當難熬，除了帶來情緒起伏的壓力，還有被限制的聯絡時間。許多情侶都過不了這關，但我和小玄熬過來了，因為彼此都為這段感情付出努力，再加上一點點運氣成分。但我認為最重要的是，我們都有一顆思念對方的心，即使長期分隔兩地，感情還能持續地加溫，也使每次分別後的重逢，都像小別勝新婚。

小銘小玄對你說

雖然收到兵單的時候，情緒沒有太大起伏，但當日期走到要離別的那一天，我始終記得自己抗拒上火車的心情。

第3章

創業夥伴是你，讓我們知道愛不簡單

準備開店時，小玄和我一起整理店內環境，我們挑選和小玄店面相似的植物，種植在店門口，彼此的店鋪就像相互對應。雖然兩人的設計領域不同，但在各自的事業中，總有對方留下的生命痕跡。

1 幸福並非光鮮亮麗，是兩人手牽手一起努力

許多人知道我是翻糖蛋糕藝術家，每當我向大家分享自己的職業時，眼前的人總會瞬間雙眼放光，畢竟在一般人的心目中，甜點師大概排得上夢幻職業前三名。

相信許多少女小時候都擁有類似的夢想：在一家歐系裝潢的精緻小店裡，雙手流暢地創作出一朵朵精緻的糖花、透明的糖蝴蝶，或是用翻糖與糖霜雕塑出各式各樣的夢幻甜點。

我常常在社群網站上分享工作情況，除了收到稱讚的私訊，還有不少人會問：「該怎麼做才能過上這樣的生活？」

看到類似的訊息，我的心情總是有點複雜，一方面開心自己的職業被肯定，另一方面發現大家只看到夢幻的一面，沒考慮過背後的辛苦。做蛋糕的美感與技術無法

在短時間內養成，我的店鋪也不可能瞬間從平地長出來，在這座「夢幻甜點城堡」之下，有小銘與我共同打下的厚實地基。

台灣翻糖蛋糕剛起步，攬客、行銷從頭開始

我剛繼承家裡的蛋糕店時，台灣的翻糖蛋糕技術正在起步，處於剛衝破種子、冒出幼苗的階段。那時台灣的翻糖蛋糕師不多，一般人也不太理解，因此我在開業之初，無法穩定顧客人數與來源，陷入難以突破的瓶頸。

顧客對我們的蛋糕充滿疑惑，不知道為什麼比其他知名蛋糕店貴一倍，而且必須一週前預約並討論設計。

實際上，製作翻糖蛋糕比想像中還困難，不是只要做出蛋糕，放上美美的裝飾就大功告成，必須事前花心力思考整體設計，包括如何維持蛋糕的平衡、使用什麼材料製作配飾，光是繪製草圖便要耗掉半天時間。再加上所有配飾都是客製化，必須純手工打造，準備素材就需要一、二天，這些高工時與高技術，都是檯面上看不到的隱藏

成本。

而且我當時才剛畢業，雖然平常相當自豪於年輕的娃娃臉，但進入職場後，反而希望自己看起來老成一點（不過仔細想想還是算了，千萬不可以長得比小銘還老），比較能令顧客信服。

在行銷方面，最折磨人的是探索客群，以及確保蛋糕教室的學生來源，這些重要關鍵經常被忽略，卻是發展品牌的關鍵。我和家人傾盡全力培養公司品牌，媽媽和老爹不斷向外洽談各種合作的可能性，像是經紀公司、各種行銷廣告的業務，甚至連一般公司行號都不放過。

另一方面，我也開始參加國際賽事，在此之前我不太喜歡比賽，認為制式的考核無法完全評價蛋糕師的水準。但不可否認的是，在準備比賽的過程中，我的技術與耐心也隨之增進。

我開始密集磨練自己，包括出國進修、報名高壓課程自我練習，不知不覺間，我的能力悄悄成長，直到取得ＰＭＥ[4]蛋糕裝飾藝術學校的導師認證，才驚覺自己已經走了這麼遠。這段時間的累積，也讓我漸漸取得學生與顧客的信任。

❹ 來自英國的專業翻糖蛋糕認證，共有三個課程，包括糖花班（PME Sugar Flower）、捏塑班（PME Sugar Paste），以及糖霜班（PME Royal Icing）。

夫夫

事業起步面臨忙碌與徬徨，還好身邊一直有你

大家看過我的店鋪嗎？那是世界上我最珍視的地方之一，有太多回憶在那邊長大，不管是事業的成長，還是我和小銘一起打拚的過往。

我們當時花了很多時間尋覓店面，某天看到店家門口貼著招租的標示，詢問下認為這裡的價格合理，又有足夠空間，再加上是屋主自租，可以省去不少麻煩。

唯一令我們頭痛的是，店面的狀況不太好，乍看之下像個小鬼屋。由於店面的前身是補習班，許多裝潢都需要打掉重練，為了盡量節省資金，很多小地方由我們自己動手處理。

小銘當時只有週末要工作，平日會陪我們一起打理店面，例如：仗著身高優勢刷油漆、安裝各種位於高處的機關，或是幫忙刮除大片的地板殘膠。看他一臉專注地為我們家的事業忙碌，我又再次愛上他，果然認真的男人最帥氣了！

另外，蛋糕店門口一大片的綠意，也是我們從小小的盆栽開始栽種，慢慢盤繞成整個店面的綠色植物林，這些植物就像我的孩子一般，見證這家店的點點滴滴。

小銘雖然沒有正式在店裡工作，卻在店裡占有一席之地。他經常陪我製作蛋糕，在我因人手不足，必須趕工到深夜時，他雖然會變身成小銘媽媽，嘴上一直碎碎念，但總是會陪我到最後，用他的方式展現體貼。

有時候，當我的身心靈處於極度疲累的狀態，小銘會適時送上一口鹹酥雞，讓我覺得這口鹹酥雞搞不好比蛋糕還甜。

能和自己最愛的人一起為事業打拚，是一件非常幸福的事，不論再苦再累，心裡還是甜得發膩。

小銘小玄對你說

相信許多少女都曾擁有類似的夢想：在夢幻的蛋糕店親手做出美麗的甜點。雖然聽起來很夢幻，但是現實充滿艱辛。

2 品牌是記憶的延續，店鋪是我的安穩與承諾

我和小玄共同創立的品牌，誕生於大學地下室的工作間。一開始只是實驗性地做些小飾品、小東西，沒有考慮太多市場或銷售問題，單純想做有趣、自己也喜歡的小玩意兒。

那時，小玄經常在工作室陪伴，我也會慢慢地和他一起做些小東西，因為我們都是設計系的學生，自然經常交流想法。經過一段時間的打磨與靈感碰撞，我和小玄的風格在彼此的創作中交會，不斷累積新的創意與作品，看著這些令人自豪的孩子，我心中悄悄萌生出野心，希望它們能被所有人喜愛。

我和小玄第一次擺攤是在校園市集，但初出茅廬的我們根本比不上畢業的學長姊。儘管如此，我們深知設計必須依靠品牌經營來維持，必須趁早打造品牌價值與熟

客。在身邊親友和顧客的鼓勵與慫恿之下，我沒有猶豫太久，便提著裝有作品的提袋，踏出長達八、九年擺攤時光的第一步，也是品牌的起點。

★踏入漂泊的擺攤人生，在顧客的喜好中浮沉

之後，我經常利用大學課餘時間，到文創市集擺攤，一開始提著皮箱和朋友一起參加，後來慢慢學會申請攤位，終於有比較固定的收入，甚至還能賺點外快。乍聽之下好像很了不起，但其實我們的品牌連工作室都沒有，只能穿梭於各種大大小小的市集。十年前的文創風氣比現在更不興盛，原創市集也屈指可數，必須隨時關注市集活動的消息，帶著作品到現場推廣。

我們累積顧客的速度相當緩慢，但是競爭對手卻源源不絕，經營這樣的學生品牌，只要稍微閃神，就可能淹沒在大眾的視野裡。

由於缺乏宣傳資源，我們唯一能做的是持續創作，維持商品熱度。很多時候，儘管我們超喜歡某項作品，對銷量也充滿信心，甚至偷偷幻想它會瞬間爆紅，但顧客反

應平淡，只能自行消化原本備妥的貨品和成本。不過，金錢不是最大的問題，發現自己與顧客的品味落差，才是最令我們氣餒的事情。

★ 大蜘蛛耳環爆紅，卻引來盜版風波

品牌第一個爆紅的產品是大蜘蛛耳環，那時我們喜歡創作有點誇張的飾品，而大型耳飾通常會因為重量，讓耳朵感到不適。此外，太硬質的材料可能造成使用者的生活困擾，像是勾到頭髮或皮膚等。因此，我們經過多方嘗試後，最終選擇既輕巧又有彈性的矽膠材質，即使摩擦到皮膚也不會不舒服。

大蜘蛛耳環的外觀誇張又有創意，很快成為熱賣款，除了受到一般顧客青睞，也有造型師或時尚編輯採用我們的飾品。有時候，當我們打開報紙雜誌，猛然看到某個藝人居然戴著自己做的耳環，那份感動真的難以言喻。

產品在媒體上曝光，讓品牌漸漸具有知名度，我也開始將產品拿到不同店家寄賣，收入比參加市集更加穩定。

然而，品牌受到矚目後，隨之而來的是盜版廠商仿冒。原先有幾家中國的飾品廠商前來洽談合作，我們在各種考量下，暫時回絕提案，沒想到過了兩、三個禮拜，便在購物網站上看到仿冒品，而且價格只有我們的一半，甚至三分之一。

仿冒品猖獗導致我們不時被顧客質疑，我們面對這種情況，卻無法做出什麼反應，因為向中國廠商提告耗時耗力，於是只能默默吞下這份不甘心。

此外，我們曾收過某個香港品牌的存證信函，指控我們參與比賽並獲得設計獎的作品涉嫌抄襲。然而，那個香港品牌的創立時間，整整比我們獲獎晚了一年多。即使我們義正嚴辭地提供相關證明，對方卻完全沒有道歉，僅是草率帶過。

創業不是簡單的事，雖然過程充滿樂趣，但必須面對許多挫折，以及不可預期的困難。

開一家屬於我們的小店，在生命中留下痕跡

為什麼我最後會選擇開一家屬於自己的店鋪呢？除了作為事業的里程碑外，也希望能帶給小玄安心感。

準備開店時，小玄和我一起整理店內環境，我們挑選和小玄店面相似的植物，種植在店門口，彼此的店鋪就像相互對應。雖然兩人的設計領域不同，但在各自的事業中，總有對方留下的生命痕跡。

我現在穩定地經營自己的店鋪，成本比跑市集更高，必須用心維持收支平衡。不過，我和小玄終於找到兩人生活的平衡點，並擁有較穩定的休息與約會

小玄的蛋糕店外觀。

時間，感情也變得更加穩定。

生活由一個個接連不斷的歷程與階段所組成，走過的每一步都會為後續人生帶來影響。過去，我和小玄一起付出努力，共同面對挫折。如今，我們的人生和事業逐漸走向安穩，在各種波濤洶湧後，更珍惜現在擁有的一切。

小銘的服飾店外觀。

小銘小玄對你說

品牌經過兩人的打磨與靈感碰撞，不斷累積出新的創意。能和深愛的人共同擁有品牌，真的是一件幸福的事。

3 一起跨過重重障礙，最困難的還是跟你吵架

世界上幾乎沒有情侶不吵架，只是吵架的方式不一樣。有些人冷靜、有些人激烈，大多時候吵架會使兩人的感情變差，但有時必須要透過這種方式，才能更靠近對方的心。

許多粉絲和網友每天被我和小銘的日常放閃攻擊，應該難以想像我們私底下其實超常吵架。即使在一起這麼久，對彼此的個性也很瞭解，但畢竟成長於不同家庭，價值觀一定有所差異。兄弟姐妹之間都可能引起大規模內鬨，更何況是夫夫之間，當然只有吵得更兇的份！

小銘平常在影片中看起來心靈手巧，負責打理大部分的事，我也不太會質疑他的想法，大多數決定都信任小銘的判斷，因為我很有自知之明，自己沒辦法成為有條有

理、萬事小心、謹慎到有點龜毛的小銘媽媽。

但是在某些特定情況下，我會固執地堅持自己的看法，例如：個人習慣、工作判斷和原則性問題，而這往往成為每次吵架的起手式。當兩種想法沒有交集，又錯過溝通的最佳時機，偏偏我們之中不巧有人講出白目的話，戰火便會轟地一聲瞬間點燃！

每當這個時候，平時脾氣很好的我們會收起笑臉，準備進行夫夫的例行公事，狠狠吵個架，常保婚姻幸福美滿。

吵「好架」，常保感情甜蜜

吵架的流程很簡單，大概跟一般人沒什麼兩樣。通常控訴者先進行第一階段申論，並且盡可能細述被控者讓人不爽的地方。被控者此時可能會假裝自己很冷靜，其實心底早就一把火在燒。

第二階段進行二次辯論，由被控者負責解釋被指控的地方，但這麼說實在太輕描淡寫，實際上是雙方你一言我一語開始互相對槓，看誰的話比較有道理。這個階段極可能不斷擴大戰線，有相當大的機率會出現翻舊帳或是清算的情形。

最後，等到雙方都將不滿發洩完畢，或是達成一些共識後，戰爭才會消停，這時候常常是我氣紅了臉，小銘哭紅雙眼，彼此都覺得委屈，需要讓大腦冷靜一下。但房間就這麼小，我們不可能真的躲著彼此，只能大眼瞪小眼好一陣子，仔細思考問題的癥結點在哪裡。

在這段時間，我會認真看著小銘，回想剛剛的對話，除了給自己冷靜的時間，也是自我反省的機會。當然，現實中的情侶爭吵不可能像偶像劇一般夢幻，吵完架就回歸和平。

現實的問題必須由雙方共同協調處理，更需要用理性思考分析。但剛吵完架、情緒正處於激動狀態的人，怎麼可能有餘裕去細想困難的問題？因此在這段空檔，我會花時間複習對小銘的愛。

仔細想想，我們很少為了真正的大事吵架，大多都是小到不好意思跟大家說的蠢事，例如：我賴床耽誤了出門時間，或是小銘在我不舒服時耍白目，又或者誰晚上滑手機滑太晚，導致雙方睡眠不足。

這些原因是不是小到讓人想翻白眼？但這就是婚姻的可怕之處啊！所有想踏進婚姻的女孩兒，真的要仔細考慮清楚，對方最好是連吵架時，都能自帶愛情濾鏡的好男人，否則別貿然衝進婚姻去考驗自己的耐心。

兩個人一起生活，各種芝麻小事便會充斥在雙方的世界中，日常習慣的磨合無法只靠相愛解決，但為小事爭吵真的值得嗎？對我來說，小吵架有時候也是一種甜蜜，因為不用再為了又痛又無奈的主題大吵，像是「我們到底能不能一起走下去」這種令人徬徨的問題。

為什麼痛？其實與小銘交往的初期，我已經在心中偷偷認定，以後要和這樣的人共度一生。那時我的腦中充斥少女感十足的幸福藍圖，在那個夢幻泡泡的國度裡，小銘總是男主角，所以如果要跟他分開，我會很痛。

為什麼無奈？我常情不自禁地想，如果我或小銘其中一人是女孩，現在遭遇的種種阻攔是不是都能迎刃而解？如果我們不是因為不相愛分開，是因為這個社會不愛我們而分離，那真的太無奈了。

為微不足道的事爭吵，是一種日常幸福

我不討厭日常的吵架，反而覺得是另一種呈現幸福的方式。雖然有時確實煩得要命，甚至想掐死眼前這個白目的小鬍子，但即使是爭吵最激烈的時候，我還是知道我多麼愛眼前的人。

好不容易結束一場戰爭，我們會各自收拾情緒。就像前文所說，我在旁邊深呼吸讓頭腦冷靜，小銘則在另一邊擦眼淚、生悶氣。

看著小銘哭得通紅的眼睛，還有滿腹委屈的表情，我會很沒良心地先笑出來，然後走過去用力抱住他，就算他一邊抱怨一邊試圖把我推開，我還是會堅決且固執地抱緊他，小銘也會從原先的不耐，慢慢順從地任由我抱著。我會貼著小銘的肩膀，聽著那沉穩又溫柔的呼吸聲中，帶有一點點哽咽。

我總能在這時清晰地感覺到，小銘老公看起來又高又硬派，心裡住著理性的臭直男思維，卻將心中最柔軟的部分毫無保留地展露在我面前。

吵架結束後是和好的儀式。我為了表示歉意和深深的愛意，會不顧小銘的抵抗強

吻他好幾下，他雖然用言語表示拒絕，身體還是很誠實地接受我的和好之吻。最後，我會打趣地對小銘說：「現在給我離婚協議書，我不簽喔！」他總會無奈地白我一眼說：「你少白癡了。」

我知道我們都不會輕易放開牽了十幾年的手，所以吵架從來都只是一個過程，一再教導我們什麼是愛、什麼是婚姻、什麼是共度一生的珍貴機會。

所以小銘你給我聽好，我是絕對不怕跟你吵架的，請做好跟我吵一輩子的覺悟！

小銘小玄對你說

大家每天都被我們的日常放閃攻擊，應該難以想像，我們私底下其實超級常吵架！

4 我不希望我們的城堡裡，都沒有人回家

我和小玄的個性天差地遠，能在一起這麼久，也許是因為我們都被和自己不同的事物吸引。此外，也有許多人認為，個性互補的情侶可以走得更長久、更平順。

如果從長久這方面來看，好像沒什麼值得質疑，但從平順的角度來看，就要打上大大的問號。我和小玄經常吵架，有時候會說出難聽的話，甚至刻意跟對方冷戰。

生活中的爭執都是在調適彼此的觀念，即使已經交往那麼久，許多事情仍需要耐著性子與對方溝通。而且，經過多年的相處之後，我發現情侶之間最重要的課題之一，就是能耐心處理雙方的不同價值觀，並且願意相互退讓。

即便我和小玄都脾氣很好且平易近人，但個性的差異實在太大。不論是外向與內向的差異，還是基本價值觀與習慣的問題，我們常常難以接受對方的想法，甚至有些

事直到現在都沒吵出結果，只能彼此體諒。

★生活與工作調配不平衡，埋下爭吵的種子

最常見的問題是我們的作息。在我的觀念裡，如果感到疲倦就該趕快休息睡覺，但小玄希望回家後能有個人時間，而不是盥洗後就上床睡覺，因此睡前總是喜歡攤在床上滑手機。有時我剪片剪到一半，回頭看到他明明眼睛都快睜不開了，還是堅持不放開手機，讓我忍不住像媽媽一樣碎碎念。

我和小玄有共同的預定行程時，重視準時的我總會催促他出門，但小玄習慣再三確認是否準備充分，才能安心地出門。在時間的壓力下，兩人的脾氣越來越暴躁，更容易引發衝突。其實雙方都沒有錯，只是重視的方向不同。

為了日常小事吵鬧就算了，但如果爭執重點牽涉到價值觀，連討論對錯都非常敏感，因為這不單只是突發事件，而是個人基於價值觀所做出的判斷，這種吵架是考驗彼此默契的大挑戰。

雖然我和小玄都極為重視家庭，也很在乎陪伴彼此的時光，但時間調配的方式卻相當不同。我在士林經營一家服飾店，並雇用非常信任的夥伴幫忙，讓我的工作時間充滿彈性，不必隨時到場坐鎮，因此能有更多時間與小玄相處，爭取較好的生活品質，這是我重視家庭的方式。

另一方面，小玄對翻糖蛋糕店親力親為。他身為甜點師傅，手藝代表店鋪的一切，再加上負責任的個性使然，他無法直接放手不管。小玄的工作早出晚歸，經常早上七、八點起床準備開店，結束白天一連串的忙碌後，晚上再兼課到十、十一點才回家。小玄努力穩定事業讓家人放心，這是他為家庭付出的方式。

我常擔心小玄會不會太累或過勞，看他下班後累得癱軟在床上，總會有說不出的心疼。面對我的擔憂，小玄會無奈地回應說，自己無法不這麼忙碌。此時，那份心疼會逐漸轉變成惱怒，我氣他不好好照顧自己，也覺得他為家庭犧牲這麼多，是不是到頭來反而變成一場空。

我曾經哭著對小玄說：「我希望能與你一起買房子，可以安穩地在城堡裡，一步步建立接下來的人生。但是，如果今後的日子都是這樣忙碌不已，我不希望我們的城堡裡都沒人回家。」

小玄聽到只是苦笑，我知道他的無奈，也知道他始終努力尋找更平衡的方案，只是我們在現階段必須更努力，才能將期待的未來變成現實。再加上我們都沒有富裕的家庭背景，很多時候只能更拚命。

★你要愛我，就要愛全部的我

每個家庭都有難以解決的問題，而且個人在生活上遇到的難題到頭來只能自行面對，伴侶頂多默默在背後支持，從對方的角度去考慮如何突破困境。

但是，如此單純的事對許多人來說卻是一道門檻，因為光是理解自己就很難，更何況磨合雙方的價值觀。雖然我和小玄的個性、想法截然不同，但我們願意理解彼此，找到折衷方案。若無論如何都無法改變價值觀，可以給對方處理問題的空間，等到願意好好溝通時，再認真談論。

小玄曾經賊笑著說：「你愛我就要愛全部的我，不可以只愛你想愛的部分。」我

夫夫

最初聽到這句話，有種上了賊船的錯覺，抱怨他給我簽不平等條款。

但是，過了這麼多年，我終於理解這句話的涵義（但我猜小玄當初應該沒有想得那麼複雜）。愛一個人的全部，不代表可以任由對方予取予求，而是認知到雙方是獨立個體，並在尊重對方意志的情況下，找出解決問題的辦法。

我和小玄之間充滿差異，這難免讓我們爭執、受傷，或是不諒解對方。但是，我依然感謝這些不同，才有機會用另一種角度去看待彼此。

我不喜歡吵架，但喜歡偶爾和小玄吵架，這代表可以進一步認識對方，再次調整兩人的生活型態，這就是我們一步步往前走的重要證明。

小玄放話說要跟我吵一輩子的架，我也很樂意與他吵吵鬧鬧過一生。我想對小玄說：「每靠近你的心一步，對我來說都是最令人珍惜的寶藏。」

小銘小玄對你說

即使交往超過十二年，至今仍有許多事需要耐著性子跟對方溝通。

5 曾經想過要分開，才知道已經離不開彼此

我和小銘曾經分手半年，而且提出這個要求的人就是我。

正在看這本書的讀者應該嚇呆了，大概也有人感到幻滅（請各位放心，我們現在真的很甜蜜）。畢竟在我們的日常生活中，別說分手，連大吵大鬧都看不出來。不過，我曾一度產生無法跟小銘走一輩子的念頭。

每對情侶分開的原因各有不同，也許是爭吵、生活價值觀的衝突，或是最根本的原因：兩人的未來規畫毫無交集。

其實，生活中大部分的事情都可以協調與磨合，但影響兩人是否可以長久走下去的關鍵，其實是雙方對未來的想像。

舉例來說，辦不辦婚禮、婚後跟誰住、工作與生活的協調、是否有育兒計畫、退

休生活怎麼安排。我身邊有許多情侶都卡在這一關，有人連拜會父母都會產生嚴重的爭執，最後導致分手。

對未來的不同想像，成為不斷爭吵的主因

我和小銘在婚前有很多大大小小的爭執點，大多是源自於他的摳門，以及我的擔心。那時候小銘還沒開店，為了增加商品曝光度，開車跑遍全台的市集，他希望盡量省錢，開的是接手自家人的老舊國產車。那輛舊車的情況不算好，里程數已經超過十萬公里，而且當小銘把所有貨物放到車上，整個人像是被紙箱包圍，完全看不到後照鏡的視野。

小銘認為我們剛創業，萬事都要節省，尤其雙方家境都不富裕，更不應該揮霍。但是，我認為這個理由只是在逃避關鍵問題，我將小銘當作重要的人生伴侶，希望能和他攜手過一生，最好在我們皮膚都皺掉之後，還可以看著對方相視而笑，回味自己年輕時有多風騷。

但是，這一切的前提是彼此都平安健康。我可以理解小銘的節省，但擔心他開著載滿貨物的車，萬一發生不測，很可能人就消失了。我腦子裡不斷轉著這些畫面，卻又害怕自己烏鴉嘴。

為了這件事情，我向小銘抱怨超級多次，他可能聽到耳朵都長繭了，但我還是揪著他的耳朵碎念：「如果你死了，我怎麼辦！」當時小銘認為，自己所做的一切是為了過更好的生活，一時的節省能換得較輕鬆的未來。

小銘的想法也有道理，不過我們那段時間互不相讓，無法理解對方的堅持，日積月累之下，我們的爭吵越演越烈。

小銘經常開著老舊國產車，跑遍全台的市集。

無法見光的戀情，使內心焦躁不已

每對情侶都有自己的煩惱和問題，尤其當交往年限拉得跟我和小銘一樣長，過去熱戀期沒有意識到，或是刻意忽略的問題，便會逐漸浮現。

前文曾經提過，小銘在向我求婚前，完全沒有向家人出櫃，在他的人生規畫中，和我遮遮掩掩地交往一輩子，其實也不失一種選擇。對過去的他來說，同志身分讓他感到不自在，更遑論公開我們的關係，大概會直接要了他的命吧。

儘管我心裡明白，小銘非常認真地對待感情，他會考慮將來，也會編織有我的未來情景。但這一切的前提是，我們必須小心翼翼地偽裝真實的感情，在外要注意彼此的距離，留意對話內容，親暱和超越朋友的舉止都是ＮＧ行為。

當我到小銘家作客，他的親戚朋友問起我，小銘總會低垂著眼，裝作隨意地回答：「喔，就朋友啊」，然後輕輕帶過。他的回答像一根根細針，實實在在地扎在我的心上，我卻沒有資格喊疼。

小銘若有所思或故作輕鬆時，總會低垂著雙眼，長長的睫毛覆蓋住眼睛，儼然是遮掩情緒的天然屏障。我一向很喜歡小銘的睫毛，但有些時候，我真的好想把他的睫毛拔光，希望他能認真地看著眼前受傷的我，並且正視這句話背後的意義。那句簡單卻刺人的謊言，其實已經傷害到我，而且傷得比他想像得還要更深。

我可以理解小銘的顧慮，也明白家人在他心目中佔據重要的地位。他的目標一向明確，就是讓家人過上好日子。再加上他一直都活得很用力，總是呆呆地往前衝，好像只要能夠達成目標，受苦受累都不成問題。

這讓我更痛了，我沒辦法釋懷，卻也無法責怪小銘，於是陷入深深的矛盾和低落中。我們當時經常爭執，但總是避開最敏感、無法解決的部分，導致永遠都吵不到點上，只能藉由一些小事發洩對彼此的不滿，這除了加深兩人之間的嫌隙，完全無法解決任何問題。

令人想放棄的不是不愛，而是心累

慢慢地，我開始思考，或許我和小銘真的不適合，兩人的差異太多，說不定放過彼此，找個與自己觀念相同、擁有類似未來規畫的伴侶，才是解決之道。

我們在彼此身上投入青春年華、一起做夢，帶著年輕的衝勁闖入社會。不過，當時我快三十歲了，希望可以慢慢走向安穩的生活，開啟人生的新篇章。但是，那時我不敢確定，小銘是否願意陪我走這條路。

提出分手的那天晚上，小銘在台南工作，我利用分開的時間沉澱自己。當晚一如往常，我們的床還是讓人想賴床，牆上掛滿合照，充滿從熱戀時一步步累積的印記。在這個理應充滿幸福的空間裡，我卻覺得自己好久都沒快樂過。

看著通訊軟體裡和小銘累積的對話記

小玄提出分手的晚上，在充滿兩人回憶的房間，寫下真實感受。

錄，每一字、每一句都是相愛的痕跡，我們會親暱地互稱大寶貝、小寶貝，以及分享各種合照。我看了一遍又一遍，在腦海中複習這些點點滴滴，卻又想起那些沒有盡頭的爭執，以及沒有交會點的未來規劃，於是壓抑著情緒，一字一句地把我的心情打成長文。

我告訴小銘，我真的很愛他，但實在太累了，沒辦法用不喜歡的方式生活一輩子。害怕這樣下去將會失去喜歡他的感覺，到時候才會真的讓彼此受傷。

按下傳送鍵後，我把整個身體藏在被子裡，告訴自己絕對要灑脫成熟，即使之後見到小銘，也要表現出高貴冷豔的樣子，絕不能讓他發覺我的心被影響！想著想著，又在被窩裡嗅到一絲小銘的味道，就是這該死的味道讓我失眠到天亮。

小銘小玄對你說

當時會想分開，也許是爭吵、生活價值觀的衝突，或是最根本的原因：兩人的未來規畫毫無交集。

6 你的離開，讓我知道原來星星也會黯淡

愛一個人看起來簡單，其實很難。我曾經以為戀愛很簡單，只要兩個人牽著手一起生活，開開心心地過日子就好。但是，愛這個詞實在代表太多意義，有激情、信任、溫柔、責任，更多的是為彼此著想的無私。

我和小玄在一起的十年間，並不是沒有看到他的委屈，也非常清楚兩人之間的問題。但我當時認為，既然都已經穩定交往十年，為什麼要冒險改變本來的相處模式？那時我把賺錢放在第一位，希望家人放心，也想和小玄過上安穩的生活，認為應該趁年輕有體力時，努力多賺點錢。然而，我太拚命規畫自認穩定的未來，卻沒考慮到小玄期望的將來。

沒有人一出生就知道如何去愛，過程中需要和伴侶慢慢摸索。有些人比較笨，必

須花很多時間才能學會表達愛意。有些人更笨，需要消耗更多的時間，才願意承認自己的愛。我，或許就是最笨的那種人。

☆ 那一天，我感受到心底發涼的感覺

小玄提出分手的那天，我正在台南的市集擺攤。當晚我躺在床上滑手機休息，一看到他的訊息，立刻皺起眉頭。

那陣子小玄顯得特別敏感，不時會說：「我們是不是不適合在一起？或許分開對彼此都好。」但是，我把這些暗示當作隨口抱怨，只像往常一樣安撫他。

那天收到訊息後，我原本以為小玄可能因為工作不順心而胡思亂想，或是突然沒安全感而鬧彆扭。我打電話給他，希望能如往常一樣和好，但小玄的語氣卻跟過去不一樣。他平常的語調總是甜甜軟軟，這次卻顯得疏離，他聽完我說的話後，異常冷靜地回答：「我們就到此為止了」，隨後掛掉電話。

電話斷訊的聲音一下又一下地撞擊我的心臟，讓我深感疼痛卻又無比空虛，整個

人彷彿被狠狠掏空，心底空落落地發涼。我在不知不覺間失去小玄的愛，卻直到此時才知道，小玄已經融入我的生命，成為不可或缺的一部分。

當晚，我躺在床上，緊閉著雙眼試圖入睡，眼淚卻不斷沿著臉頰滑落，我可以感覺枕頭布料濕潤的範圍不斷擴大，依然無法遏止悲傷。我想起這些日子以來，小玄不斷試著傾訴不安，那些其實都是他的求救訊號，想告訴我他在這段感情中過得不快樂，但我卻毫無所覺。後悔讓我整夜無眠。

分手初期，我試著回歸平常生活，卻發現生活中處處充滿小玄的痕跡。買咖啡時，會想起過去我們曾替彼此買咖啡探班；走過家裡附近的小巷，就像持續複習我們曾走過的腳印。當我跨上機車，小玄彷彿仍坐在身後，雙手環住我的腰，體溫穿透過衣服傳遞給我。我生命中有太多風景，都是牽著小玄的手一起看過，他的身影早已銘刻在我的記憶中。

過去，我常和小玄在晚上散步，因為行人不多，他會偷偷拉著我的手，牽著我們的狗兒，一起看天上的星星。小玄總是能在台北嚴重的光害中，找到最亮的那顆星，指著它說是幸運星，而我會笑著說：「那顆星就是我，我就是你的幸運星！」

但是，和小玄分開後，我再試著抬頭，卻找不到那顆最亮的星星，只有黯淡的天空，與同樣失去光芒的我。

用老套又笨拙的套路，決心追回小玄

我冷靜下來沉澱內心後，知道自己沒辦法失去小玄，因此花了很多時間回想曾帶給他的不安，以及他心中在意的問題，甚至一步步擬定計畫，試著解決雙方過去遇到的狀況。我做事確實很笨，容易陷入自己的思緒中，然後一股勁地投入一切，但當時我只想用盡所有心力把小玄追回來。

其實分手那半年，我和小玄的聯繫從未斷過，感覺得出來他依然有所留戀，只是ㄍㄧㄥ著不說出口，簡直跟當年的我如出一轍。

我像是第一次談戀愛的青澀男孩，時時關心小玄、約他出門，或是溫馨地送宵夜到小玄的蛋糕店。我用盡一切明顯、露骨又直接的方法示好，就算小玄笑我笨拙也不在意，因為這是我第一次這麼努力地想要追回一個人。這一次，換我踏上小玄曾經

小銘的生活中充滿小玄的痕跡，分手後才知道原來星星也會黯淡。

走過的忐忑，親身體驗他當初的心情，也切實明白他是懷著什麼心情向我告白。

我開始著手計畫，決定一一改進交往時遭遇的問題，並且認真考慮出櫃，也思考小玄曾提過的未來夢想。當然，首要任務是處理分手的導火線：那輛過於拚命的老車。

我終於換車了。在選車的過程中，不斷試探小玄的喜好，特別請我們的共同朋友，假借親戚要買車的名義，探聽他偏好的車款。最後終於在預算內，買了一輛安全性十足、外觀符合小玄喜好的囂張紅色

小銘搶眼的紅色新車。

汽車。

小玄某次出國比賽回國時，我特別開著新車接機。當天我捧著花束，想在機場的門口給他驚喜。他看起來有些驚訝地收下，但沒有多說什麼，我猜他心底大概已經有預感，不過我的驚喜可沒有這麼簡單。我慢慢領著小玄走到停車場，終於來到紅色的新車前面，但是小玄依然反應平淡，這跟我預設的情況有些差距，讓我開始覺得有點緊張。

上車後，我默默問小玄：「你覺得這輛車夠安全嗎？」這時小玄才噗哧地笑出來：「我早就知道你的目的了！朋友問我喜歡哪種車款，但傳來的照片都是我們以前討論過的！」

小玄得意地承認，他刻意說自己喜歡紅色車身，就是為了對我惡作劇。我雖然不甘心自己被他反過來擺一道，但看著那令我懷念的招牌笑容，我知道自己終於找回丟失已久的重要寶物。即使這個笑容有時候看起來賊賊的，我還是希望能守護這個笑容一輩子。

追回小玄的過程讓我感受良多，除了有暗戀的悸動、等待的忐忑，更重要的是再次認識自己的感情。我曾說自己是小玄的幸運星，經過這次的追夫計畫，終於深刻明白，小玄也是帶給我幸福的星星（雖然偶爾會化身為災星），兩人的愛情要攜手維護、相互扶持，才能一起閃閃發光。

小銘小玄對你說

當時的我認為，既然都已經穩定交往十年，為什麼要冒險變動本來的相處模式呢？如今我深深慶幸能下定決心，和小玄一同步入婚姻。

結婚並不是童話故事中幸福快樂的結局，也不是戀愛的終極成就，而是兩個人選擇攜手走向另一種生活狀態。真正的挑戰永遠都在幸福快樂之後，而如何維持美滿才是一切的精髓。

第 4 章

在無數角落中，有多少人得不到認同？

夫夫

就算和別人不一樣，我都是媽媽的乖小孩

還沒跟家人出櫃前，我曾對小玄說過一句非常傷人的話：「為什麼一定要出櫃，我不能當一個乖小孩嗎？」

小玄只是淡淡地回答：「難道我是壞小孩嗎？」他的語氣雖然平淡，臉卻漲得通紅，可以感覺到他說這句話時，拚命壓抑自己的憤怒與悲傷，這段對話也是促使我重新審視自己的轉捩點。

乖小孩的標準是什麼？過去的我認為是絕對不讓媽媽擔心。為了達成這個目標，無論遇到再多挫折，都不會在媽媽面前表現出來，不知不覺中養成報喜不報憂的習慣，幾乎不會主動分享自己的生活。我喜歡達成某個目標，或是獲得肯定後，再向媽媽分享，讓對話成為她生活中的驚喜。

或許有人認為這樣的關係有點冷淡，不過這是我與媽媽多年來培養的默契。很多事情就算不說，她也了然於心。

在學生時代，當我學科表現不好，但專精於術科時，媽媽不會像其他家長指責我不務正業，而是給予全盤的信任。畢業後我選擇自己創業，她也不曾干涉過我的人生規畫。

小玄曾經笑說，我是被放養長大的孩子，在成長過程中享有充分的自由。雖然我時常到處亂闖，但絕對不會忘了自己的家在何方。

在所有人眼中，我是個獨立又令人放心的乖兒子，會這麼不想讓媽媽擔心，是因為清楚知道她付出多少辛勞，才將我與兩個姊姊順利拉拔長大。

★媽媽堅毅的背影，讓我下定決心不令她擔心

我童年的家庭環境不好，爸爸家暴導致父母離異。監護權原本歸屬爸爸，但他或許是負擔不了三個小孩的開銷，無法提供完善的照顧，某天他一通電話，要求媽媽盡

速把我們接走。

媽媽非常有骨氣，什麼也沒多說便立刻從三峽趕到土城，讓我們三姊弟一人裝一個後背包的行李，帶著我們住進她的小套房。沒隔幾天，又馬上找了一間三房的租屋，一家四口很快地遷入那間空蕩蕩的公寓，而且迅速打點好我們的生活必需品和所有轉學手續。

我不清楚那段時間媽媽的壓力有多大，她從來沒有在我們面前喊過一聲苦，而且始終在最短的時間內，讓我們擁有正常的生活。她的工作很忙、工時很長，但為了照顧三個孩子，接下任何能賺錢的工作。有時候，媽媽即使沒有出門工作，也總是在客廳不停地加工各種家庭代工。我常常會想，媽媽似乎隨時都在工作，到底又是用什麼時間休息呢？

從小看著這樣的情景，深知媽媽的辛苦，所以幾乎沒有叛逆期，也不曾鬧過脾氣。在我記憶中，唯一一次鬧脾氣是想買一條皮帶。每次講到這件事，身旁的人都會疑惑，一般小孩不是都想要電動遊戲嗎？（只有小玄說想買保養品。）我也不清楚，為什麼自己當時對那條皮帶異常地執著。

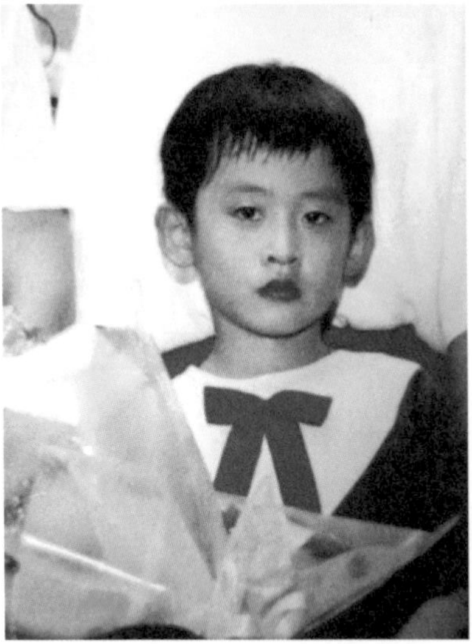

BABBLEBOON

當然，媽媽沒有因為我鬧脾氣而買下那條皮帶，在當時的環境下，那筆錢可以換到許多更有用的東西，我們沒有餘裕可以浪費。不過，她沒有因此發怒，只是繼續沉默而堅毅地工作，用行動表達她的無奈。

★自始至終，媽媽只在乎兒子是否幸福

我從小就知道家裡的狀況和一般人不太一樣，也親眼見到媽媽是多麼努力，才換得我們三姊弟的穩定生活，這令我更難向她坦承自己的同志身分。雖然媽媽從未對我提過任何要求，更沒有將她的期望強壓於我，但我始終用最嚴苛的標準審視自己。

歸根究柢，我希望媽媽能滿懷驕傲地說：「小銘是我兒子！」讓她在所有人面前都不丟臉。傳統定義下的好兒子，除了孝順和事業穩定之外，擁有美滿家庭與孩子，似乎也是既定事項。

但在那時候，台灣連同婚草案都還沒通過，同性婚姻與領養簡直遙不可及。尤其媽媽平時幾乎不會針對同志表達任何意見，更難預料她會有什麼反應。我在腦中不斷

模擬，心裡飄過各種可怕的後果，最後先被自己嚇個半死。

求婚前一個月，我預想在演唱會公開求婚會引發話題，但不希望媽媽從他人口中得知這件事，於是我打算向她坦承性向，並親口說出我的決定。

我在許多採訪中都講過向媽媽出櫃的情形，其實過程非常平靜。那天和所有尋常的夜晚一樣，媽媽邊看電視邊滑手機，反而是我始終坐立難安。看著她一如往常地專注在手機上，一切都是那麼熟悉與自然，我忽然好想跟媽媽坦白這件事。

我輕輕地問：「媽媽，如果我不生小孩、不結婚，妳會怎麼樣嗎？」媽媽頭也沒抬，只是淡淡地反問：「不結婚、不生小孩，這樣你老了之後，誰要照顧你？」

聽到媽媽的回覆，我忍不住鼻頭發酸，原來她從沒考慮到自己，只是一味地擔心我的老年生活過得不安穩。我說自己會找到提供完善照護的養老院，媽媽沉吟了一下後點點頭，又繼續專注地滑手機。

「那我跟誰在一起，妳會介意嗎？」我又再追問。媽媽玩遊戲的手指毫無遲疑，只回覆我：「你跟誰在一起，我會不知道嗎？」甚至掐指一算，說她知道我和小玄至少交往九年。

我直到這時才發現，雖然為了不讓媽媽擔心，自顧自地隱瞞這麼長一段的時間，但其實她一開始就知道。

在我出櫃的當下，媽媽第一次說出她的擔憂。她擔心小玄的家人會介意我們的關係，憂慮我們老年的生活規畫，以及要如何養育孩子。其實，她從頭到尾只操心一件事，就是她的孩子能否過得幸福。

在我隱瞞戀情的這段期間，媽媽獨自面對一切，過程中只能任憑憂心、震驚和所有負面情感湧來。兒子花了十年時間才準備好坦承，她卻像是早有準備，用自己累積了半生的堅毅與身為母親的包容，淡定而溫和地安撫原本惶惑不安的我。

小銘與媽媽的合照。

我終於有機會向媽媽述說自己的規畫，而她像以往一樣沒有過問或質疑，只給我一個信任的眼神和擁抱，沉默但有力地成為我前進的力量。

我過去一直認為，隱瞞是避免媽媽擔心的方法，這樣才能永遠當她心目中的乖小孩，但直到出櫃我才深刻明白，媽媽掛念的始終是孩子的安定與幸福。

對媽媽來說，她希望自己是個能支持孩子走向幸福的好母親。對我來說，媽媽的放心與信任是我永遠的原則，因為我期望可以當她的好兒子，這讓我們永遠都是最好的母子。

小銘小玄對你說

我對小玄說過最傷人的話是：「為什麼一定要出櫃，我不能當一個乖小孩嗎？」

2 媽媽的堅強，讓我不放棄相信幸福的可能

讓我猜猜，很多讀者看了我和小銘的日常生活記錄，會覺得我們過得很優渥，甚至有些人直接認定我們是富二代，才過著像是童話故事般的人生。

然而，事實與大家想像得天差地遠，我們雙方的家庭充滿故事，而且都和童話相差頗多。就我自己的家庭來說，簡直就像是一齣大型八點檔連續劇，而且還是保護級的那種。

我的媽媽是世界上最美麗而強大的人

我出生在一個標準的家暴家庭，爸爸是最經典的廢物老爸，不務正業、拈花惹

草、酗酒嗑藥樣樣不漏。小時候只要爸爸踏進家門要錢，媽媽的眼淚就沒有停過，而且身上不斷出現大大小小被毆打的傷痕。每次媽媽都是用十萬、二十萬換一段平靜的時間，才能繼續回到日常生活。

在求學期間，我最害怕老師上課上到一半，突然走出教室接電話。我怕下一刻老師又會急忙地把我帶出教室，告訴我媽媽又在哪裡被爸爸暴力相向，現在又被送去哪家醫院。

最令我印象深刻的是，某次爸爸為了要錢，闖入我們家開瓦斯，我和妹妹被緊急帶到現場，在警察與消防隊的封鎖線外大哭。直到警察破門而入，渾身瓦斯味的媽媽才被送醫急救，而爸爸為了拿到錢，甚至跟在救護車後面上演追車戲碼。

從小到大，我心中一直深藏一個恐懼，害怕媽媽有一天會離我而去。我一次次看著媽媽被打到緊急送醫，而她失去意識前，總是不忘請求鄰居照顧我和妹妹。鄰居阿姨把我們抱得很緊，但我還是覺得自己彷彿掉入一個大洞，沒有人會接住我。

很多人認為這些故事太誇張，或許也有人想問警察到底在做什麼？但是，在那個把家暴當成家務事的年代，即使所有人都知道這個情況，也沒有人敢直接插手，甚至連警察也是如此。

由於我們太頻繁地撥打一一〇，警察覺得麻煩，乾脆哄騙年幼的我，叫我遇到事情時別撥一一〇，直接撥分局的電話比較快。長大後才知道，這其實是為了避免被留下案底，好讓警察有機會敷衍了事、不用急著處理。

我還只是個孩子時，就見過社會最殘酷的模樣。很多時候我必須眼睜睜地看著媽媽被揍，或是當爸爸拿著斧頭在外面砍門時，我一遍遍哭著撥打那位「好心」警察留下的電話，但得到的回應只有電話的嘟嘟聲，以及渾身的無助與恐懼。

應該很多人難以想像那些貫穿我童年的絕望，現在有許多社福團體、社會局等機構關注家暴議題，但在二十多年前，媽媽連離開這樣的男人，都會被社會指指點點。

媽媽有著不輸任何人的臂膀，獨立支撐整個家

聽完我的故事後，很多人會好奇，為什麼我沒有離家出走、混幫派或是誤入歧途？其實，讓我保持陽光並一直踏實追夢的推手，正是我的媽媽。

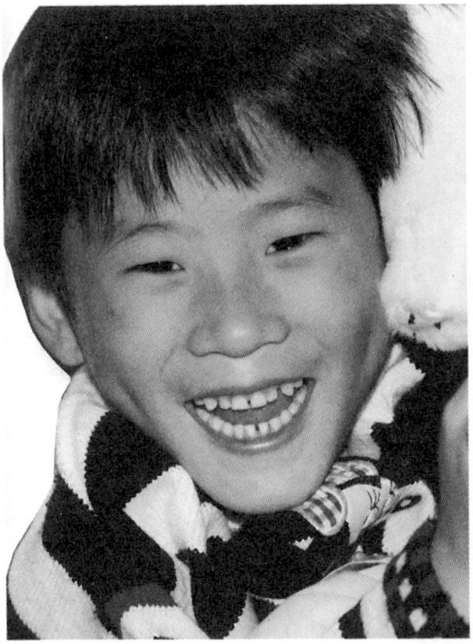

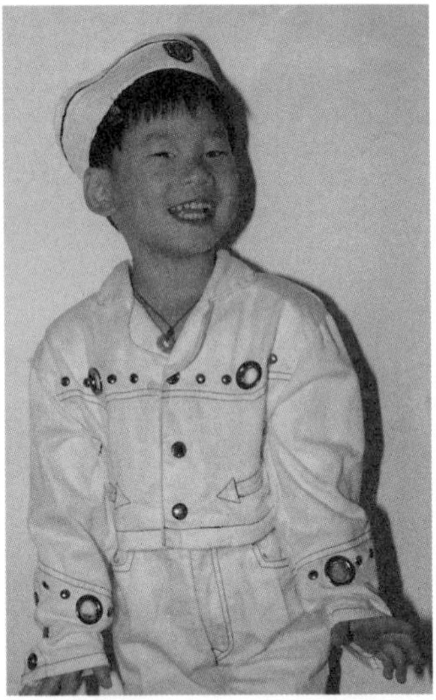

我媽媽打扮新潮、帥氣又時髦，但其實內心有點保守，有時候思想比較傳統。她在意外界眼光，會對著自己的孩子碎碎念，是個最普通的媽媽。

媽媽沒有想過要成名，沒有想要賺大錢，只想要當個平凡的母親。即使爸爸在婚後性情大變，而她在娘家得不到後援，只能在那個連離婚都會被閒言閒語的時代苦苦掙扎，她還是成為最好的母親。

在我的世界裡，媽媽是世界上最強而有力的人。她總是不眠不休地工作，這樣說真的不誇張，我小時候很少看見她入睡。媽媽日夜賣命工作，都只為了提供我和妹妹最好的生長環境。

即使家庭中沒有爸爸，媽媽從來不讓我們覺得生活中欠缺什麼，單看外表與教育環境，沒有人會看不起我們。別人家是爸爸、媽媽一起撐住家的屋頂，但是我強大又美麗的媽媽，有著不輸給任何人的有力臂膀，除了獨自撐起整個家，還給我們太多太多的愛。

媽媽保護我們免於被爸爸傷害，當她落淚或滿身傷痕時，仍舊保持最積極正面的心態，去面對生命中的所有苦難。她會花很多時間傾聽我和妹妹的煩惱和恐懼，然後耐心地舒展我們心中的糾結。

這讓我跟媽媽很親密，我們約定好不向對方隱瞞，我有任何事情往往也想第一個告訴她，因為希望能向她分享生命中所有的喜怒哀樂，除了不讓她擔心，也期望她可以參與我人生的大小事。我在媽媽面前，簡直就像直接脫光一樣，會忍不住吐露所有的心聲。

在同志＝負面的年代，還好有小銘這個模範男友

即便如此，向媽媽出櫃依然讓我卻步了。我清楚知道，這對她是個巨大的打擊，而且擔心她把這一切歸咎於自己。她總是把孩子擺在自己之前，這是她表現愛的方式，總是被愛著的我怎麼會不知道呢？

我在高中時出櫃。由於當時被男友劈腿，我傷心過度到無法回歸正常生活，每天以淚洗面，哭到雙眼又腫又醜。現在回想起來都覺得可怕。

剛開始媽媽以為我學業壓力過大，關心我是不是在考試或課業上遭遇挫折，我也

順勢借用這個理由，沒有特別多做解釋。那是我第一次沒有對媽媽坦承，擔心實話會傷害到她，所以選擇隱瞞，心想自己總有一天會走出情傷，到時候一切就沒事了。但這反而讓我感到更加痛苦。

某天，我的手機忘在家中，回到家時，發現手機被放在客廳的茶几上，媽媽神色如常地坐在沙發上。我的心臟緊張得狂跳，整個胸口發悶、發緊，害怕自己會緊張過度，在媽媽的面前昏倒。

我已經記不清當時對媽媽說了什麼話，或許是一連串邏輯不通的詞彙。出乎意料的是，媽媽主動關心我，告訴我一切都會沒事，要我放心。我聽完後當場情緒潰堤，壓抑許久的不安傾洩而出，忍不住抱著她大哭，除了尋求安慰，也對自己的隱瞞感到抱歉，更感謝她對我的寬容以及無私的愛。

不過，媽媽後來還是安排我去看心理醫生，除了擔心我因為情傷而情緒不穩，也希望醫生可以給她專業解釋。我可以理解媽媽的反應和行動，畢竟她是個觀念傳統到連離婚都畏懼的女性，再加上當時同志相關的資訊都太過負面，像是吸毒趴、愛滋病、亂交等。每當我試圖向媽媽解釋，新聞就會像唱反調般，開始播報同志情殺案。

她身為母親，該如何馬上坦然地接受這一切呢？

兩個孩子是媽媽生命中最重要的一切，她的反對來自於擔心，害怕我受到難以挽回的傷害。這樣的擔憂只能用行動一步步解開，如同她當年盡力解開我和妹妹對未來的絕望和恐懼。

我和小銘的感情踏實地走了十年，小銘又總是掛著古意到不行的笑容，這些都讓她相信，同志不是新聞上的驚悚標題，就算兒子是同志，也可以過幸福的生活。

「當你能暢談當時的痛苦，代表已經走出困境」

媽媽曾在蛋糕店的筆記本上寫下一段話：「如果內心有痛苦挫折，應該寫下來紓解，因為當你能暢談當時的痛苦，代表已經走出困境。」過去發生很多事情，讓我與她都傷痕累累，這些痛苦經驗不會憑空消失，而是轉變成各種形式，藏在心中很深很深的地方。

如今，我只要看見媽媽露出笑容，就有繼續努力下去的勇氣，畢竟這麼有勇氣的母親，當然也會教出最勇敢的兒子！過去我們曾經不幸福，但媽媽的智慧與堅持不懈，讓我有追求幸福的毅力與勇氣。

媽媽，謝謝妳教我們不畏懼地追求幸福。

夫夫

小銘小玄對你說

我的童年是一齣八點檔連續劇，很少人能夠想像，年幼的我已經目睹許多既殘酷又黑暗的社會現實。

3 陪伴家人，也陪著我們彼此的感情

見家長這件事情多麼重要，相信各位一定都心知肚明，在見到未來的公婆或是岳父岳母時，必須做好心理建設和事前準備。偏偏同志中的臭直男小銘，打從心底無法理解這件事，他的思想非常直線條，覺得見父母的眉角都是邪門歪道，只要當個不讓人擔心的好孩子，對方的家長怎麼可能不滿意呢？

我愛你，連同你的家人

小銘帶我回家時，就像所有的豬隊友，總是在打過招呼後，逕自把我帶回他的房間。當我在房裡坐立難安，覺得自己應該和他的家人多一點互動，他總一臉不解地

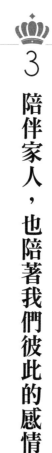

說：「我在家都這樣呀，幹嘛特別待在外面？」

對我來說，和小銘的家人相處，一直都是重要又特別的事。家人在我的生命中佔有很大的份量，能自在地與家人分享悲傷和快樂相當幸福。我把小銘當作重要的伴侶，他的家人自然也在我心中佔有一席之地。

第一次到小銘家，我才知道他家原來是台語家庭，小銘的媽媽習慣使用台語對答（沒錯，小銘不可能想到要事先提醒我！），這讓台語字彙量不太夠的我，瞬間緊張得捏了一把冷汗。雖然我的台語聽力沒問題，但是口說卻不夠流暢，回話經常吞吞吐吐、結結巴巴。

我喜歡和小銘的媽媽一起看電視，即使有時候抓不太到節目的笑點，但能夠聚在一起為了同一件事大笑，又能一起聊天，已經是彌足珍貴的時光了。

小銘的媽媽和小銘的個性如出一轍，我在她身上再次體會到小銘當初帶給我的心理陰影。她不太主動說些什麼，通常是我在旁邊東問西問，她才淡定地回一兩句。小銘常常坐在一旁偷笑，之後還會死沒良心地挖苦我，嘲笑剛剛的對話多麼乾，讓我瞬間興起休夫的念頭。

小銘家的可愛姪女們，擔任婚禮的小花童。

小銘家的特產：就是要務實地對你好！

不過，小銘的家人總是用自家風味的方式對我好，這句話翻譯起來就是：非常乾脆且務實地讓你賓至如歸。

小銘的媽媽廚藝驚人，做菜又快又好吃。有時候我和小銘前腳才剛踏進家門口，只見她笑著點點頭走進廚房，便聽見裡頭一陣鍋鏟聲，我和小銘的老爹才多寒暄幾句，身邊突然就多出一桌菜。當我顧不得稱讚，把嘴巴塞得滿滿時，才猛然想起做人的基本道理，趕緊抱著把自己噎死的覺悟大力稱讚。這時小銘的媽媽總會笑得特別開心，下次的菜色也更豐盛。

大家吃完飯之後，小銘的老爹會一把搶過我收進廚房的碗盤，要我乖乖去客廳吃水果。就算開口說要洗碗，他也會霸氣地放話：「這是我的地盤，你去外面坐好，不准過來喔！」只差沒拿掃把擋住門，阻止我暴力闖入。

在小銘家，如果我想要做任何家事，都需要走一個諜對諜的路線。一開始先小心翼翼地拿起抹布，然後四處張望，確定只有小銘癱在沙發上滑手機，才能走到桌邊準備擦掉桌上的水漬。但通常抹布才剛沾到桌子，就會馬上觸動兩位長輩的第六感，其中一人會邊叨念著：「歹勢歹勢！」迅速抽走我手中的抹布，另一位則是順手遞上小零食，一氣呵成地把我塞到沙發中和小銘大眼瞪小眼。

感謝這條路走著走著，身邊還有彼此與家人

這樣的踏實就是小銘家的風格。我總能感覺到他的家人極盡所能地對我好，因此我在他們面前隱瞞和小銘的關係時，內心總會隱隱作痛。

我在小銘家一直都只是個大學同學，頂多逐漸升級為多年好友，所以我們必須保持安全距離。當我們在小銘家附近的三峽老街牽手散步，必須因為鄰居的出現而迅速鬆手；當小銘的外甥問起我們的關係，小銘總是敷衍又尷尬地帶過。每次出現這種情況，我的心臟就像被緊緊握住，疼得令我傷心。

這些舉動一再提醒我，兩人的關係終究不被其他人承認，不僅需要欺騙自己，更要欺騙對我這麼好的長輩。我有時候很氣小銘，覺得他遲遲不面對現實，不但不負責

任，還糟蹋我寶貴的青春。但是，我在內心深處或許更氣自己，因為換作是我，可能也沒有勇氣面對。

當小銘告訴我，他媽媽其實早就察覺我們的關係，過去那些點點滴滴在我眼中更是別具意義。小銘的媽媽即使心裡有底，依然沒改變對待我的態度。

和小銘交往的這些年，我們各自一直都有家人陪伴，並在家中當好兒子。這條漫長的路走著走著，身邊除了有彼此相陪，還有各自的家人，最後總算走到同一條路上。

有時候我會想，或許正因為我們給家人許多時間和空間，讓他們好好觀察並慢慢接受這一切，才得以免除家庭革命。如果我們剛交往時，就一股腦地向家人宣布，光是應對當時的風波，就可能磨盡兩人的耐心，而難以繼續走

小銘、小玄的兒子小白菜，2019 年 12 月 10 日生，射手座。

下去。

每組情侶的情況都不同，我和小銘很幸運，在雙方的人生交會點相遇後，沒有和家人越走越遠。

結婚後，我們各自的原生家庭都帶入一點對方的相處風格。小銘家多了我的活潑，雖然我還是被綁在椅子上，禁止碰任何家事，但偶爾還是會趁小銘家裡沒人的時候，偷偷做一些家事。我家則多了小銘的務實，逢年過節、各種大小節日，都可以看見小銘的精心安排，但在人際相處上，仍要彈額頭提點他。

談到感情，每個人的理想藍圖不盡相同，而在我們的圖譜中，終於能夠增添這麼多人的愛與祝福，這是最最最大的幸運與幸福。

小銘小玄對你說

到現在還是很想吐嘈小銘，他的思想實在太過直線條，竟然以為只要好好做自己就好，見父母的眉角都是邪門歪道。

夫夫

4

求婚不是愛情的證明，而是人生的承諾

對各位讀者來說，婚姻的意義是什麼？我想不同情侶的情況不盡相同，每個人都在持續探索最適合自己的答案。

我和小玄常常收到來自粉絲的各種私訊，最常見的是關於同志身分的問題，也有許多人問我們對婚姻的看法，或是同志結婚的困擾。

這些問題總會讓我的思緒回到過去，確切來說是回到決定向小玄求婚的時候。我是個非常謹慎的人，做事前需要大量時間思考，並且仔細規畫安排。因此，我把婚姻看作非常嚴肅的事情，它牽涉到的不只是我和小玄兩人，還包括雙方家人，這些人都是我們生命中非常重要的部分。

★求婚讓我跳脫主觀，審視兩人的未來

很長一段時間，我總是有意無意地迴避「結婚」。雖然我會設想將來與小玄的生活，但結婚並不在當時的選項中，因為它太遙遠也太夢幻。雖然小玄說我很少女心，但我卻不敢或不願去想像它。

我和小玄的關係就像空氣一樣自然，他的存在已經融入呼吸，甚至無法想像沒有他的早晨是什麼感覺。我當時心想，既然兩人的相處如此自然，為什麼需要結婚呢？結婚反而會破壞一切吧？

直到準備求婚的階段，我才確實思考自己真正想要的東西，以及小玄在我心中的地位。我重新反思對未來的想像，明白自己想要的並不是奢華生活，而是希望在接下來的歲月裡，身旁都有小玄陪伴。

有些人或許會認為，我們是因為結婚才能繼續維持這段感情，這個說法其實並不完全正確。我們認真審視這段感情，並瞭解在各自的生命中，對方佔有多少份量，才選擇步入婚姻。

★愛情不是相愛就好，還必須談到工作與金錢

台灣在二〇一九年通過同婚法，很多人因為終於能與愛人結合而感到開心，但結婚會面臨的問題，並不是同婚法通過就能迎刃而解。正如所有異性戀夫妻，同志夫夫或妻妻之間，也存在許多有待磨合與解決的問題。其中最需要覺悟的事，就是金錢。

一般來說，很少情侶在談戀愛時，便鉅細靡遺地談論兩人的財務規畫，因為實在太不浪漫了。但進入婚姻後，不可能在金錢問題上敷衍了事，財務規畫也無法一味地追求收支平衡。

結婚後，我進一步擴大未來藍圖的範圍，雖然仍像過去一樣，想像兩人的未來，但不再只是考慮短期規畫，而是把時間拉長到更遠的退休後，那些我們可以牽著彼此的手，一起慢慢變老的日子。

我除了繼續經營自己的店鋪，也開始研究各種儲蓄與投資方法，讓自己有更多資金爭取理想的生活。另一方面，小玄潛心投入他的蛋糕事業，對於店內的大小事情都親力親為，常常從早忙到深夜，才能真正地放鬆休息。

小銘、小玄在墨爾本的一間小教堂證婚，兩人忍不住喜極而泣。

很多時候，兩人會不小心變身為工作狂，常常當我認真地熬夜剪片時，渾身沁滿蛋糕甜香的小玄推門而入，疲倦地癱在床上。一想到我們是為了兩人的未來努力打拚，心中總會充斥複雜的情緒，我一方面心疼小玄的辛苦，另一方面則因為擁有共同目標，內心盈滿溫柔。

這樣複雜的感受，讓我重新認識婚姻的價值與真諦。不論入睡或起床，看著依偎在身邊的小玄，我真心感謝自己那時的覺悟。

★結婚是一個階段，不是一個條件或結局

有些人認為婚姻是愛情的墳墓，我雖然不同意，但可以理解這句話代表的意義。畢竟人們在談戀愛時，實在難以想像現實生活的艱辛，而婚姻可以強迫自己面對各種現實面。

婚姻有許多福利，但隨之而來的還有各種義務，愛情電影中常常出現賺人熱淚的婚誓情節，但如果只把那些「契約」當成浪漫愛情的過場，婚後可能會因現實與想像

的落差，感到不平衡。

結婚並不是童話故事中幸福快樂的結局，也不是戀愛的終極成就，而是兩人選擇攜手走向另一種生活狀態。真正的挑戰永遠都在幸福快樂之後，如何維持美滿才是一切的精髓。

那麼，婚姻的意義又是什麼？對務實的我來說，婚姻帶來審視自己的機會，雖然曾經感到徬徨，卻也從中成長。這讓我從一個少女心的男孩，漸漸成長為少女心的男人，更真切地知道自己的夢想，以及所需背負的責任。

對於我和小玄來說，愛情早已是生活中的共同語言，知道維繫感情必須訴諸感

夫夫

性（小玄說，如果還沒看出我們有多戀愛腦，請重看本書），因此在處理金錢、事業等現實因素時，會更加小心謹慎。

現在，我可以自然且自信地告訴過去的自己，結婚不是破壞我和小玄生活的關卡，而是一個嶄新的階段，讓我們學會承擔更多責任，互相扶持走過人生的旅程。這條路雖然充滿未知、有點可怕，但如果旅伴是小玄，我會放心地牽著他的手，一路勇敢前行。

小銘小玄對你說

婚姻對我來說是非常嚴肅的事情，讓我更真切地知道自己想要的夢想，以及所需背負的責任。

5 謝謝你，讓我看見完整家庭的模樣

即使同性婚姻已經合法，對於許多同志來說，獲得家人認同仍不是件容易的事。每次想到這裡都很感慨，因為我和小銘真的非常幸運，不僅在出櫃時得到家人溫和的支持，也在婚禮上看到親朋好友祝福與幸福的淚水。

有乖乖看書的人都知道，家人對我們來說是多麼重要。我很早就向媽媽出櫃，身邊親戚大多也都知道，但是小銘就麻煩多了。他在結婚前，每年都會被親戚公開處刑，不停追問：「有沒有女朋友呀？」「什麼時候要結婚啊？」

當小銘真的變成婚禮上的主角，反而開始緊張害怕，擔心親戚長輩無法接受同志婚禮，甚至為此與他們的孩子進行各種推敲演練。

不過，當我們邀請親戚長輩前來參加婚禮，之前的緊張與害怕全部煙消雲散。雖

然這一切令那些長輩感到困惑、有點跟不上，但小銘是他們從小看到大的好孩子，因此他們很樂意出席婚禮，並獻上真摯的祝福。在婚禮現場，甚至有不少看似傳統的長輩，感動到眼泛淚光。

怎麼做才能讓家人接受我是同志？

很多人常會問我們：「該怎麼做才能讓家人接受我是同志。」面對這類的問題，我總是覺得很抱歉，難以提出一個適用於任何狀況的ＳＯＰ，我唯一知道的就是：全心相信家人的愛，深信他們即使知道最真實的樣貌，依然會愛著你。

至於小銘，則傾向用實際行動證明給家人看，讓家人放心。我家老公最強大的地方，就是向來認真懂事，使旁人難以找到可質疑的地方，因為他永遠能用各種亮眼的成績，堵住其他人的閒言閒語。因此，他早就擄獲我媽媽與外婆的心。

外婆是媽媽之外，另個讓我佩服的人

在前面的章節中，提到許多與媽媽相處的點點滴滴。我想在這一節提一下外婆，她是我生命中另一位佔據重要地位的堅強女性。

我的外婆強大又長袖善舞，曾經開了一家高級日本料理店，許多官員、名人都曾在她的店裡留影。由於擁有進退得宜的處世手腕，外婆以老闆娘的身分受到所有人的敬重。

同時，她也和天底下所有的外婆一樣，把疼孫當成生命志業，尤其不允許孫子接觸任何垃圾食物。假如我在家偷煮泡麵被她發現，她會生氣地馬上變出一堆好料，然後塞進我的嘴裡。

小時候我最期待外婆外帶賣剩的壽司回家。有時候，我和妹妹晚上已經乖乖上床睡覺，但只要聽到外婆開門的聲音，就瞬間從床上跳起來，衝到外婆面前，看她帶了什麼好吃的回來。每次媽媽都對我和妹妹「詐屍」的行為，感到好氣又好笑，我們就像兩隻小狗，巴巴地期待外婆回家。

有段時期，外婆常問我什麼時候要交女朋友，總是捏著我的臉說：「我的孫子就是這麼帥，一定很快就會交到女朋友！」我有時會逗她：「不能交男朋友嗎？」外婆也不生氣，只是笑笑地說聽不懂，要我別亂說話。

外婆看女婿，越看越滿意

但是，當我真的帶小銘回家時，最迅速接受小銘的人正是外婆。或許是因為過去在職場上練就好眼力，外婆很快地看出小銘認真的個性，而且走的是一個越看越愛的路線。她「一見鍾情」的速度之快，甚至讓我有些吃醋。

還記得第一次給外婆看我和小銘的結婚影片時，我正在蛋糕店裡趕工，她雖然體力不太好，還是堅持陪我工作。外婆倚靠在店裡的貴妃椅上，拿著手機看我們的影片，臉上洋溢著笑容。過了快一個小時，我轉身問外婆在做什麼，發現她居然不斷重播婚禮影片。影片不過短短幾分鐘，她竟然看了好多次、好仔細，見到她臉上笑開花的表情，我也被這份快樂感染，眼眶有些濕濕的。

小銘、小玄和外婆的合照

當我告訴外婆要和小銘結婚，她口中時不時會迸出：「你之後的錢要讓小銘管喔！」我總是嘟嘴回應：「阿嬤你怎麼是要把我嫁出去啦！我要經濟獨立！」外婆聽到這番話，笑得更開心，但還是堅持小銘比我更精明，他管錢更令人放心。（但我是不會聽話的！）

「阿嬤！我不用收，我本來就會好好照顧小玄。」

在我們籌備婚禮時，外婆的身體已經變得很虛弱，卻仍關心婚禮進度，不論向她分享任何事，她都笑得很開心，彷彿是自己要結婚。

某天，我和小銘請外婆吃飯，順便聊聊婚禮的規畫，在準備離開餐廳時，她突然拿出紅包塞到小銘的手中。

外婆對小銘說：「拿去花，好好補補身體，謝謝你這麼照顧我們家小玄。」小銘被紅包（還有紅包的厚度）嚇了一大跳，趕緊表明自己不能收。但是，外婆很堅持且強硬地把紅包塞給小銘：「不用擔心，阿嬤這裡還有，你要好好照顧我們家小玄。」

外婆和小銘從餐廳門口一路互推到電梯口，小銘的情緒比我還激動。淚點本來就很低的他，早就哭得亂七八糟，邊啜泣邊說：「我不用收，我本來就會好好照顧小玄。」外婆聽到這句話也濕了眼眶，聲音開始哽咽。

我看到這個景象忽然想起，外婆在某個晚上悄悄塞給我一個紅包，無論我怎麼回絕，她都不妥協。外婆雖然體力不足而步伐蹣跚，依然想盡己所能，為我們的婚事做點什麼。

看著外婆和小銘在我眼前把紅包推來推去，我知道外婆內心深處真正擔心的事，她怕自己無法撐到婚禮那天，因此想用這個方式參與我們的婚事。我走上前，抱住這兩個我深愛的人，覺得自己擁有這樣的家人，真的太幸福了。

婚禮那天，外婆已經住院，因為健康狀況沒辦法親自出席婚禮，因此我和小銘用直播和影片的方式，向她即時分享現場的情況。雖然當時外婆已經說不出話，但我可以看見她雙眼閃爍著喜悅的光芒，那是我從小到大每次撲到外婆懷裡時，都會看見的光芒。

我很幸運擁有這樣的家人，願意用開放的心胸接納我和小銘，也讓我們的愛更

夫夫

加美滿。我身邊有許多同志朋友，必須付出一般人難以想像的努力，才能真正得到認同，這讓我更珍惜如今擁有的一切。

愛不會因為任何事變得狹隘，但愛總會因為包容而圓滿。我深愛我的家人，謝謝他們用滿溢的愛，教我珍惜生命中的美好與幸運。我永遠愛你們。

小銘小玄對你說

有人說婚姻是愛情的墳墓，我不同意但可以理解。我很幸運擁有愛我的家人，他們教會我珍惜生命中一切的美好與幸運。

後記
我們將持續用「放閃」，激勵全世界！

很開心這本書的誕生，能讓更多人瞭解我們，知道原來愛沒有不一樣。不論是爭取同性婚姻，或是面對自己的感情，都不是容易的事，我們經歷許多酸甜苦辣，直到面對面許下承諾，手牽手步入婚姻。

現在的我們會更努力做自己，期待所有人也能勇敢面對自我。也許，很多讀者至今還不敢向家人、朋友表明性向，這時可以嘗試升級裝備、提升自我。

我們常和身邊的朋友說：「如果想要勇敢做自己，首先請做好本份。」也許是學習各種事物、有份穩定工作，或是有個穩定的交往對象，之後再試著慢慢告訴家人、朋友，比較容易獲得理解，並且讓他們不只是「接納」，還能夠「認同」。如果是愛你的人，一定會試著瞭解你。

感謝看到這裡的你，希望我們可以發揮小小的力量，影響大大的世界，讓更多人

夫夫

能相信愛。我們都一樣，愛就是愛。

最後，感謝始終愛我們的家人以及粉絲朋友，是你們讓我們更堅定地勇往直前。我們始終堅信，每個人都值得被愛、擁有愛。

國家圖書館出版品預行編目(CIP)資料

夫夫：你要先去愛，一定會找到幸福的入口／小銘．小玄著；
-- 新北市：大樂文化，2020.2
192 面；14.8×21 公分. --（Power；25）

ISBN 978-957-8710-59-7（平裝）
1. 同性婚　2. 通俗作品

544.329　　109000063

Power 025

夫夫

你要先去愛，一定會找到幸福的入口

作　　者／小銘．小玄
封面設計／蕭壽佳
內頁排版／顏麟驊
內文整理／李怡佳
責任編輯／劉又綺
主　　編／皮海屏
發行專員／劉怡安、王薇捷
會計經理／陳碧蘭
發行經理／高世權、呂和儒
總編輯、總經理／蔡連壽

出 版 者／大樂文化有限公司
地址：新北市板橋區文化路一段 268 號 18 樓之1
電話：（02）2258-3656
傳真：（02）2258-3660
詢問購書相關資訊請洽：2258-3656
郵政劃撥帳號／50211045　戶名／大樂文化有限公司

香港發行／豐達出版發行有限公司
地址：香港柴灣永泰道 70 號柴灣工業城 2 期 1805 室
電話：852-2172 6513　傳真：852-2172 4355

法律顧問／第一國際法律事務所余淑杏律師
印　　刷／韋懋實業有限公司

出版日期／2020 年 2 月 14 日
定　　價／320 元（缺頁或損毀的書，請寄回更換）
I S B N　978-957-8710-59-7

大樂文化

大樂文化